WOLFGANG VORLÄNDER

*Weisheit für Vielbeschäftigte*

WOLFGANG VORLÄNDER

# Weisheit
## *für Vielbeschäftigte*

NEUFELD VERLAG

**FSC**
**Mix**
Produktgruppe aus vorbildlich
bewirtschafteten Wäldern und
Recyclingholz oder -fasern
Zert.-Nr. SGS-COC-003091
www.fsc.org
© 1996 Forest Stewardship Council

Die Deutsche Bibliothek verzeichnet diese Publikation in der
Deutschen Nationalbibliografie; detaillierte bibliografische
Daten sind im Internet über www.d-nb.de abrufbar

Bibelzitate sind, sofern nicht anders angegeben, der Zürcher
Bibel entnommen. Zürcher Bibel 2007 © 2007 Verlag
der Zürcher Bibel beim Theologischen Verlag Zürich.
Verwendet mit freundlicher Genehmigung des Verlages

*Umschlaggestaltung:* spoon design, Olaf Johannson
*Umschlagbilder:* © ShutterStock®
*Satz:* Neufeld Verlag, Schwarzenfeld
*Herstellung:* Bercker Graphischer Betrieb GmbH & Co. KG, Kevelaer

© 2010 Neufeld Verlag Schwarzenfeld
ISBN 978-3-86256-001-1, Bestell-Nummer 588765

Nachdruck und Vervielfältigung, auch auszugsweise,
nur mit Genehmigung des Verlages

www.neufeld-verlag.de

NEUFELD VERLAG

# INHALT

# TEIL I

*Sich auf die Suche begeben*

M an kann ohne die Weisheit nicht leben.
Die Weisen erhalten die Welt,
sagen fast alle Religionen.
Die Moderne aber glaubt es kaum,
und deshalb ist sie besessen
von ihrem eigenen Sicherheitsbedürfnis.
Die Weisheit ist aus dem Getriebe des Lebens
in ein Altersheim gesperrt worden.
Selbst die Toleranz wird zum Geschäft.

RAIMON PANIKKAR

# 1. KAPITEL

## Grundverlegenheit »Daseinskompetenz«

Ich weiß nicht, wie es Ihnen damit geht: mit der Welle, die seit Jahren ungebremst über uns hinwegrollt, jener Flut von Ratgebern aller Art und für jeden denkbaren Lebensbereich, ob Gesundheit oder Ernährung, Erziehung oder Partnerschaft, Urlaubsgestaltung oder Erfolg im Geschäftsleben, spirituelle Vertiefung oder Ordnung im Büro ...

Berater, Journalistinnen und Buchautoren surfen schwungvoll auf den Wellenbrechern der Orientierungslosigkeit. Welche Orientierungshilfen gibt es? Welche Lebenskenntnis könnte den Versinkenden retten? Welche *landmarks* bewahren vor dem Stranden?

Ich halte einen Moment inne und mache mir klar: einen beratenden Beruf übe ich selbst aus. Auch ich beteilige mich engagiert an Fragen der Lebensgestaltung und Lebensbewältigung, predige darüber, werde zu Vorträgen und Seminaren eingeladen, berate Menschen in Einzelgesprächen. Und ich sehe einen grenzenlosen Bedarf!

Aber Unterscheidungen sind notwendig im Blick auf Art und Seriosität der Angebote und Anbieter. Es gibt viel Wertvolles. Vor mir liegt das Jahresprogramm einer psychotherapeutischen Klinik, deren Arbeit ich sehr schätze. Folgende Themen entdecke ich dort – und finde sie begrüßenswert und sinnvoll:

- *Achtsamkeit – eine besondere Art der Gesunderhaltung.*
- *Gewissheit entsteht im Körper – Einführung ins Focusing.*
- *Die Kunst, das Leben zu lieben.*
- *Den eigenen Rhythmus finden.*
- *Selbstmanagement und innere Führung.*
- *Sensitivität und Intuition – die Kunst der erweiterten Wahrnehmung.*

Aber zwischen zwei Buchdeckel gebunden oder als Hörbuch auf CD gepresst gibt es auch »ultimative Hilfen«, die Skepsis oder sogar Empörung in mir auslösen. Hier einige Beispiele:

- *Nie mehr müde.*
- *Nie mehr Geldsorgen.*
- *Nie mehr allein.*
- *Nie mehr Haarausfall.*
- *Nie mehr sprachlos.*
- *Nie mehr Schulstress.*

So oder ähnlich heißen die vollmundigen Titel, die sich schon beim ersten Klick einer Online-Suche ergeben.

Natürlich muss der Weg zum ultimativen, nachhaltigen Erfolg schnell gehen. Keine Geduldsübungen bitte, keine langen Wege, Scheitern ausgeschlossen, Erfolg in Rekordzeit. Die Schreckensbeispiele sind sogar noch steigerungsfähig:

- *High-Speed-Marketing: In nur 7 Tagen zu einem durchschlagenden Marktkonzept.*
- *Verwandeln Sie Ihr Kind in 5 Tagen: Wie Sie die Ansichten, das Benehmen und den Charakter Ihres Kindes in fünf Tagen ändern.*
- *Neurodermitis. Geheilt in 40 Tagen.*

Seit Jahren versuchen Soziologen, Pädagogen, Psychotherapeuten und Philosophen zu ergründen, wie das Phänomen eines so breiten Ratgeberbedarfs zu deuten ist. Welch eine kollektive Grundverlegenheit, welcher Grundmangel muss eingetreten sein, dass wir nach allem Möglichen und Unmöglichen greifen, das uns hilft, selbst die einfachsten Dinge des Lebens auf die Reihe zu kriegen! Und wieso können sich sogar die simpelsten, banalsten und oberflächlichsten Ratschläge einer so hohen Aufmerksamkeit erfreuen?

Paul M. Zulehner sagt es so: Was uns abhanden gekommen ist, ist »Daseinskompetenz«! Fehlende Daseinskompetenz aber ist eine umfassende Verlegenheit. Sie führt zu vielen Teil-Verlegenheiten auf allen möglichen Alltagsfeldern.

Liegt die Orientierungsunsicherheit vielleicht an dem schwächer gewordenen Zusammenhalt der Generationen? Vieles kann man sich nicht mehr bei den Eltern oder Großeltern oder bei der Gründergeneration abgucken, um zu lernen, wie man's macht. Man kann sich auch manches nicht mehr bei älteren Kollegen abgucken, weil die vielleicht schon in Rente geschickt wurden. Das kostbare Gut »Erfahrung« wird heute oft wie Dörrobst betrachtet – und von vielen gemieden. Was zählt, ist jugendliche Dynamik und Frische, egal ob vernünftig oder nicht.

Oder liegt es am fehlenden Wertekonsens? Daran, dass der Individualismus einen Freiheitsgrad erreicht hat, der mich in einer Atmosphäre uninteressierter, teilnahmsloser Toleranz leben lässt? Warum, so frage ich mich, hat in unserer Gegend jemand bei der letzten Bundestagswahl auf zig Wahlplakate geschrieben: »Freiheit ist Diktatur«? Womit wird diese Person nicht fertig?

Wahrscheinlich gilt alles auf einmal plus eine Reihe weiterer Ursachen. Aber dann müsste deutlich sein: Mit »Ratgebern« ist es nicht getan, und erst recht nicht mit banalen Tipps, wohlfeilen Rezepten oder markigen Aufmunterungen nach dem Muster: »Wie Sie in sieben Schritten ...«; »Die acht Faktoren

für …«; »Das Prinzip der fünf Bausteine, wodurch Sie …« – und
dann folgen häufig die Attribute »dauerhaft«, »schnell«, »in
kurzer Zeit«, »nachhaltig …« – ja, wohin nun gelangen? Was
finden? Was endlich erreichen? – Keine Frage: »Erfolg!« Na
klar! »Meisterschaft!« Selbstverständlich! »Brillanz«! Warum
auch nicht? – Wieso nur sind wir nicht selbst darauf gekommen, dass Erfolg in diesen »sieben Bausteinen« besteht oder in
jenen »fünf Basisfaktoren«? Und wie haben wir jemals daran
zweifeln können, dass es sogar ganz schnell funktioniert und
wirkt!? Was hat uns so lange gefangen gehalten, dass wir zu der
einfachen, klaren, so nahe liegenden Erleuchtung nicht fähig
waren!?

Das zweite Kennzeichen eines fragwürdigen Ratgebens ist der
Ausruf eines neuen Zeitalters. Besonders Unternehmensberater beherrschen diesen Fanfarenstoß. Man erkennt ihn an den
simplen Vokabeln »alt« und »neu«:
»Ach, Sie hörten noch nichts davon? Das erstaunt mich
allerdings! Also, der *neue* Führungstyp – im Unterschied zum
alten – wird …« – »Die neuen Hierarchiemuster unterscheiden
sich von den alten …« – »Der Manager des neuen Typs zeichnet
sich aus durch …«
Und schon schnappt die Falle zu. Denn wer wird sich nach-
sagen lassen wollen, dass er noch in alten Mustern festhängt,
wo sich doch alles dermaßen rasch ändert, und nur überlebt,
wer die geschmeidigste Anpassungsfähigkeit hat?
Jeder inflationäre Gebrauch des Wortes »neu« aber bringt
ernst gemeinte Beratung – ob für den persönlichen Bereich
oder für Unternehmen und Organisationen – alsbald um ihre
Autorität und Seriosität. Denn die Halbwertszeit des »Neuen«
ist kurz. Immer schneller geht es, dass das nächste Neue gefunden und angepriesen wird und das soeben noch Brandneue
bereits auffällig gealtert erscheint.
Am Ende hat man eine Menge Geld bezahlt für all die neuen
Ratschläge, Trainings und Empfehlungen – um sich dann sagen

zu lassen, dass inzwischen der Trend doch in eine »neue« Richtung gehe!

Müsste man nicht doch auf den Gedanken kommen: Die Materie ist komplizierter! Die Sachlage vertrackter! Der Mensch vielschichtiger und abgründiger! Das Weltgeschehen nur mühsam steuerbar! Das Individuum in wesentlichen Teilen irrationaler als vorgesehen und erwünscht!

Was wir brauchen, ist etwas anderes, Tieferes, Gewichtigeres. Es trägt den weithin in Vergessenheit geratenen Namen Weisheit.

Das heißt auf keinen Fall, dass nunmehr die Weisheit in die Hitliste von »Best-practice-Angeboten« vorrücken soll. Weisheit entzieht sich solchen Anpreisungen, denn sie ist von ganz anderer Natur als all die *Tools, Know-Hows,* Wissensformen und Kompetenzen, mit denen wir sonst umgehen, um unsere Aufgaben möglichst gut zu erfüllen.

Weisheit kommt zu uns aus den Quellen und »Bodenschätzen« vieler Generationen, Kulturen und religiöser Wahrheiten.

Früher gab es dafür Weisheitslehrer. Aber sie waren schon damals nur mühsam zu finden: Man musste sie suchen, sich zu ihnen aufmachen, da sie in der Wildnis oder Wüste lebten, fernab und außerhalb des »Systems«, in Mönchsklausen oder auf dauernder Wanderschaft. In der Regel nahmen sie für ihren Rat kein Geld, kein Honorar. Und noch etwas: Sie drängten sich nicht auf. Viele waren sogar ihr Leben lang eher »Lauschende«, als dass sie gerne geredet oder anderen Lehren erteilt hätten.

Weisheit erlangen hieß: elementare Erfahrungen auf ihre verborgene Botschaft hin befragen. Es hieß lauschen und verstehen. Und dazu gehört Zeit. Erst dann kam das Weitergeben des Erlauschten und Verstandenen an die nächste Generation.

Im sechsten vorchristlichen Jahrhundert versammelte, so erzählt es eine wunderschöne Legende, der Asket und Einsiedler Siddaharta, nachdem er zur Erleuchtung gekommen war und den Großen Weg gefunden hatte, eine Schar von Kindern unter seinem weit ausladenden Pippala-Baum am Ufer des Neranjara-Flusses. Er hatte – wie das für den Gewinn von Weisheit üblich und erforderlich ist – lange Jahre des Umherwanderns gebraucht auf der Suche nach dem »Weg«. Aber nun wusste er, dass diese harte Zeit nicht vergeblich war. Und die Kinder waren die ersten, die ihm vertrauten und offen waren für das, was er sie nun lehrte. Er sagte ihnen: »Ihr seid noch Kinder, aber ich bin sicher, dass ihr die Dinge, die ich euch mitteilen möchte, verstehen und üben könnt.«

So war es durch Jahrtausende hinweg. Weisheit nimmt Wohnung in Weisen, und Weise lehren die nachfolgende Generation. Könnten wir dieses uralte »Buch« mündlicher Überlieferung von den Anfängen an aufschlagen, stießen wir anfangs wohl auf Sprüche und Erkenntnisse, die ein wenig einfältig erscheinen könnten. Aber welche Unzahl gleicher oder ähnlicher Abläufe musste wahrgenommen werden, bis sich allmählich eine Gesetzmäßigkeit ablesen ließ!

Zum Beispiel: »Hochmut kommt vor dem Fall!« – diese Weisheit war nicht über Nacht da. Die meisten Sprichworte enthalten Weisheiten, die sich erst auf Grund vieler Wahrnehmungen zu einem Memorandum in Gestalt eines einzigen Satz verdichtet haben.

Die Griechen nannten die Weisheit auch »Steuermannskunst«. Für sie waren erfahrungsgesättigte Sinnsprüche wie Seezeichen, an denen man sich orientieren sollte. Irgendwann fand man auch, dass Weisheit in ganz unterschiedlicher Form weitergegeben, geteilt und beherzigt werden kann: als Sprichwort, als Paradoxon, als Rätsel und sogar als Witz. Immer aber ging es um das Bemühen, Licht in das Dunkel zu bringen, das mit dem Leben selbst gegeben ist.

Und noch eines wird man schon in frühester Zeit begriffen haben: Leben ist nur möglich, wenn man die Sprache der Natur erlernt; das Zusammengehören von allem, was lebt, beachtet; das Gesetz des Miteinanders von Mensch und Tier nicht verletzt; und wenn man die Balancen achtet und beachtet, die, werden sie gestört, zu großen Verwerfungen führen können.

Wo die Kulturen sich weiter entwickelten – wir sprechen vielleicht von den letzten dreitausend Jahren –, da fand die Weisheit Aufnahme an den Höfen der Fürsten und Könige. Sie wurde international ausgetauscht. Während Religion oftmals Grenzen aufrichtet, ist die Weisheit buchstäblich universell und spottet aller Grenzen.

Auf den Wegen des Austauschs hin und her gewann Weisheit dann ein neues Kleid: Immer mehr wurde sie zum Inbegriff von Bildung, verband sich mit künstlerischem Schaffen und durchdachte die verschiedensten Aspekten der Sitte und der Ethik. Jetzt bedeutete Weisheit endgültig Menschenbildung. Und damit verbunden das, was wir heute »ethische Intelligenz« nennen.

Aber auch damit war der Horizont weisheitlichen Betrachtens nicht abgeschritten. Schließlich umfasste die Weisheit auch die Fragen nach dem Weltganzen, nach dem Kosmos und seinen Gesetzen, nach den äußersten Dimensionen unseres Lebensraumes und seinen Auswirkungen auf uns.

Dies sind einige der schmalen, doch langgestreckten Pfade, die die Weisheit im Verlauf der kulturellen Evolution des Menschen unter die Füße genommen hat.

Ich meine denen nahe zu sein, die schon vor zehntausend Generationen vor denselben Fragen standen, die uns auch heute noch beschäftigen. Und ich merke, was wir Heutigen nötig hätten:

Es müsste wieder einige geben, die unter ihrem Pippala-Baum sitzen und Kinder um sich versammeln. Einige, die gefastet und eine Zeit lang Abstand gesucht haben vom alltäglichen Treiben und Rennen. Es müsste wieder Menschen geben, die von den Bergen hinab steigen, wo sie sich der Einsamkeit ausgesetzt und das Einssein erfahren haben. Und ich meine, benennen zu können, woran solche Führer und Führerinnen in das Land der Erleuchtung und der Einsicht zu erkennen wären: Es wäre vor allem die Klarheit ihres Urteils, verbunden mit

Herzensgüte. Was sie auszeichnet, wäre das, was man vielleicht eine »geräumige Seele« nennen könnte. Und wahrscheinlich würden sie nur langsam und nur wenig sprechen, und das mit leiser Stimme. Doch ihre Augen würden lächeln, selbst bei den dunklen und ernsten Fragen des Daseins.

Mit das Schönste jedoch, was über das Wesen von Weisheit gesagt werden kann, hat Raimon Panikkar[1] mit den Worten ausgedrückt: »Weisheit ist der Sitz der *Freiheit*« und: »Das Kriterium der Weisheit ist die *Freude*.«

Damit sind zugleich zwei menschliche Ursehnsüchte und Grundbedürfnisse angesprochen. Freiheit und Freude lassen uns Menschen das Herz aufgehen. Wenn Weisheit mit diesen Verheißungen zu tun hat, lohnt es sich, sich auf die Suche zu begeben: nach ihren Quellen, nach ihrem Wesen und Inhalt und nach den Pfaden, auf denen man sie entdeckt und gewinnt.

Dieses Buch ist ein solches Aufsuchen von Schätzen und Quellen der Weisheit. Vielleicht ist es so etwas wie eine Wünschelrute – ein Instrument also, mit dem Sie selbst auf die Suche gehen und Schätze aufspüren können. Gibt es für unsere aktuellsten Fragen, unsere schwierigsten Herausforderungen etwas, das wir nicht erst »erfinden« müssen, sondern nur ... finden? Weil es längst da ist, längst bereit liegt, wie Bodenschätze eben

---

1  Da ich diesen Namen häufiger erwähne, ein kurzer Hinweis zu seiner Person: Raimon (oder Raimundo) Panikkar, geboren 1918, Sohn einer spanischen Mutter und eines indischen Vaters, gilt als einer der originellsten Denker auf dem Gebiet der Begegnung der Kulturen und Religionen. Durch seine Verwurzelung in mehreren Traditionen vermag er die andersartigen Welten des Ostens und des Westens zu vermitteln.

Panikkar ist katholischer Priester und lehrte als Professor für Religionswissenschaften in den USA, zuletzt an der Universität Santa Barbara/Kalifornien. Heute wohnt er in Tavertet, in den Bergen von Katalonien, und unternimmt keine große Reisen mehr. Panikkar hat über 30 Bücher und mehr als 900 Artikel geschrieben.

oder wie eine verschüttete Quelle, die dennoch nicht aufgehört hat, zu fließen?

Noch etwas wird sogleich deutlich: Weisheit ist etwas anderes als Moral. Weisheit ist nicht der verlängerte Arm des Über-Ich, sie appelliert nicht an unser schlechtes Gewissen, sie will uns nicht nur unsere Unvollkommenheit bescheinigen.

Dass Freude das Kriterium der Weisheit ist – dies zu hören, stimmt mich schon vergnügt. Vielleicht kann man ebenso gut Heiterkeit sagen. Wie gerne möchte ich heiter durch meine Lebenstage gehen! – Übrigens ist Heiterkeit auch das Kriterium jeder gesunden Form von Religion oder religiösem Glauben, das Kriterium eines heilenden anstatt krank machenden Gottesbildes. Weder die Weisheit noch der Glaube will uns mit Skrupeln versehen.

Weisheit könnte auch bedeuten, alles – jede gesellschaftliche Meinung, jede Moralvorstellung, jedes religiöse Dogma – daraufhin zu befragen, ob der Mensch dabei aufatmen und frei sein kann. Allerdings nicht in einem narzisstischen Sinn, nicht im Sinne infantiler Anstrengungsverweigerung. Denn Freude ist mehr als Frohsinn oder Spaß – und Freiheit etwas anderes als *laissez faire* oder Bequemlichkeit. Es geht um jene Freude und Freiheit, die man beim Bergsteigen oder Bergwandern erfährt: Das verlockende Ziel vor Augen, den steilen, anstrengenden Anstieg nicht scheuen. Die Belohnung wird ein einzigartiger Ausblick sein, ein innerer Jubel und die Erfahrung, wie es ist, buchstäblich »über den Dingen zu stehen«.

Raimon Panikkar sagt: Die Weisheit »war immer der Reichtum des einfachen Volkes«[2]. Auch das ist eine gute Nachricht. Man muss nicht zur Elite gehören und studiert haben, um Weisheit zu erlangen. Manchmal sind es die Kinder, oft aber die »einfachen und geerdeten« Menschen, die besser als die

---

2   Raimon Panikkar, *Der Weisheit eine Wohnung bereiten*. Kösel, München 1991, Seite 9.

vermeintlichen Experten und Eliten wissen, was weise ist und was nicht.

Im Blick auf die Eliten in Politik und Wirtschaft besteht allerdings zu allen Zeiten erhöhter Weisheitsbedarf, weswegen ich in einigen Kapiteln besonders in diese Richtung spreche.

Ich lade Sie nun ein zu einer »spirituellen Wanderung«. Zu einer geistigen Pilgerfahrt sozusagen. Gerne dürfen Sie in diesem Buch auch einfach »herumstreunen« oder hin- und her- wandern. Dieses Buch hat nicht einmal etwas dagegen, wenn Sie es im Bett lesen! Sie wissen doch: »Seinen Freunden gibt Gott es im Schlaf« (Psalm 127,2).

*schweigeschweigeschweigemitmir*
*lauschelauschelauschemitmir*
*fragefragefragemitmir*
*staunestaunestaunemitmir*
*träumeträumeträumemitmir*
*sinnesinnesinnemitmir*
*säesäesäemitmir*
*ahneahneahnemitmir*
*wartewartewartemitmir*
*ernteernteerntemitmir*
*lauschelauschelauschemitmir*
*fragefragefragemitmir*
*wartewartewartemitmir*
*staunestaunestaunemitmir*
*träumeträumeträumemit*

WOLFGANG VORLÄNDER

F rieden ist jeder Schritt.
Die strahlend rote Sonne ist mein Herz.
Jede Blüte lächelt mit mir.
Wie grün, wie frisch alles ist, was wächst.
Wie kühl der Wind weht.
Frieden ist jeder Schritt.
Er verwandelt den endlosen Pfad
in Freude.

AUS CHINA

## 2. KAPITEL

# Das Märchen vom Dummling

Bevor wir uns genauer Rechenschaft geben über Quellen und Wesensmerkmale lebensdienlicher Weisheit, stelle ich eine kleine Kostprobe voran: das alte, weithin unbekannte Märchen vom Dummling.

Dass Märchen aus den verschiedensten Kulturen, die in sich ein Weltkulturerbe darstellen, ein unermesslicher Schatz an Weisheit sind, ist allgemein bekannt. Die moderne tiefenpsychologische Interpretation von Märchen hat dabei erstaunliche Bedeutungsebenen und -tiefen erarbeitet.

Märchen sprechen nicht nur unsere persönlichen Lebenserfahrungen an, sondern können sogar mitten hinein in Fragen von Wirtschaft, Ökonomie und Politik sprechen. Schauen wir einmal hin. Dieses Märchen beginnt so:

Zwei Königssöhne gingen einmal auf Abenteuer und gerieten in ein wildes, wüstes Leben, so dass sie gar nicht wieder nach Hause kamen. Der jüngste, welcher der Dummling hieß, machte sich auf und suchte seine Brüder. Aber wie er sie endlich fand, verspotteten sie ihn, dass er mit seiner Einfalt sich durch die Welt schlagen wollte und sie zwei könnten nicht durchkommen und wären doch viel klüger.

Sie zogen alle drei miteinander fort und kamen an einen Ameisenhaufen. Die zwei Ältesten wollten ihn aufwühlen und sehen, wie die kleinen Ameisen in der Angst herumkröchen und ihre Eier forttrügen. Aber der Dummling sagte: »Lasst die Tiere in Frieden, ich leid's nicht, dass ihr sie stört.«

Da gingen sie weiter an einen See, auf dem schwammen viele Enten. Die zwei Brüder wollten ein paar fangen und braten, aber der Dummling ließ es nicht zu.

Endlich kamen sie an ein Bienennest. Darin war so viel Honig, dass er am Stamm herunterlief. Die zwei wollten Feuer unter den Baum legen und die Bienen ersticken, damit sie den Honig wegnehmen könnten. Der Dummling hielt sie aber wieder ab und sprach: »Ich leid's nicht, dass ihr sie verbrennt.«

Märchen sprechen Wahrheiten aus, menschliche Grundwahrheiten. In unserer Geschichte erscheint der jüngste von drei Königssöhnen als besonders einfältig und dumm. In Wirklichkeit freilich spricht dieses Märchen über Weisheit und weises Handeln. Die paradoxe Verfremdung enthält also nicht nur einen leisen ironischen Ton, sondern birgt in sich schon eine Erfahrungsweisheit – nicht nur über das Wesen der Weisheit selbst, sondern auch über ihr »Schicksal« und ihre Akzeptanz in der Welt der eigentlich und tatsächlich Dummen: Weisheit wird längst nicht immer, überall und sofort als solche erkannt und geschätzt. Zur Weisheit gehört es oft, dass sie lächerlich gemacht wird und als Torheit gilt. Schon der Apostel Paulus schrieb an die Christen in Korinth, dass die vermeintlich Klugen und Weisen in Wahrheit Toren sind und dass das Handeln Gottes, das von den Gelehrten und Weisen der damaligen Zeit als Torheit verspottet wurde, wirkliche Weisheit sei.

Weise denkende und handelnde Menschen werden bisweilen eher belächelt und mit leisem oder deutlichem Spott bedacht – mindestens so lange, bis viele irgendwann doch merken, wie sehr es sich lohnt, gerade diesen Menschen gut zuzuhören und sie besonders ernst zu nehmen. Weisheit hat also etwas Wehrloses und findet nicht sofort Anerkennung. Sie kann sich vorkommen – um Daniel Goeudevert zu zitieren – »wie ein Vogel im Aquarium«.[3]

Noch ein anderer Zug zu Beginn unseres Märchens ist beredt. Es heißt, die beiden älteren Königssöhne gingen »auf Abenteuer«. Auch im persönlichen Vorwärtskommen wie im Wirtschaftsleben gibt es solches Abenteurertum – und es ist zu unterscheiden von notwendigen, kalkulierten Risiken. Abenteurertum zeichnet sich dadurch aus, dass jemand am Ende »nicht wieder nach Hause findet«; er verliert den Überblick und die Orientierung und schließlich jede Entscheidungskraft. Abenteurertum kann zur Manie werden und den Akteur blind machen für die Realität und das gesunde Maß.

Die Königssöhne also (mit ihrer Haltung: »Uns gehört die Welt« bzw. »Was kostet die Welt?!«) geraten in ein wildes, wüstes Leben. Viele haben heute das Empfinden, dass die Globalisierung in ihrer jetzigen Phase, die unverkennbar verbunden ist mit neoliberalen und zum Teil frühkapitalistischen Haltungen und Vorgehensweisen, viele sozialpolitische Balancen und Regulierungen bedroht, die in den westlichen Industrieländern über 150 Jahre hinweg mühsam erstritten, erkämpft

---

3  Daniel Goeudevert, *Wie ein Vogel im Aquarium. Aus dem Leben eines Managers*. Rowohlt, Hamburg 2004[7].

Um nur ein Beispiel für das soeben Gesagte anzuführen: Michael Otto, Aufsichtsratsvorsitzender und bis Oktober 2007 Vorstandsvorsitzender der Otto-Gruppe, setzte sich schon für ökologisch verantwortliches Wirtschaften ein, als dies in weiten Kreisen von Gesellschaft, Politik und Wirtschaft noch als Spinnerei und linkes Sektierertum galt. »Selbst Ottos eigenes Führungspersonal ... [war] mitunter amüsiert über die neueste Ökoinitiative des Chefs«, schreibt Hannes Koch in seinem Buch *Soziale Kapitalisten. Vorbilder für eine gerechte Wirtschaft* (Rotbuch, Berlin 2007, Seite 92). Erst später wurde auch Kritikern klar, dass hier jemand früher als andere die Zeichen der Zeit erkannt hatte.

und verhandelt wurden. Von einer ökosozialen Weltmarktpolitik sind wir noch weit entfernt. Erst einmal scheint die Stunde der »neuen Wilden« und »Wildgewordenen« gekommen zu sein, deren Gier keine Grenzen kennt.[4]

Nun stößt in unserem Märchen der jüngere Bruder, der Dummling also, zu seinen schlauen und abenteuerlustigen Brüdern, die gleichwohl jede Orientierung verloren haben. In ihrer Haltung sind sie jedoch offensichtlich noch dieselben. Noch ist nicht klar, worauf die Sache hinausläuft. Bisher treten die Abenteurer wie Freibeuter und Raubritter auf, mit einer zügellosen Selbstbedienungsmentalität. Der dumme Jüngste erscheint demgegenüber wie ein zartes Seelchen, das zu sentimental ist, um die Gelegenheiten, die sich bieten, beim Schopf zu ergreifen.

Weisheit muss sich oft den Vorwurf gefallen lassen, zu nachgiebig zu sein. Das Erstaunliche ist hier allerdings, dass die älteren Brüder sich durch den Einspruch des Jüngeren immerhin abhalten lassen, zu nehmen, was ihnen gerade vors Visier kommt. Vielleicht wird doch irgendwo das schlechte Gewissen wach oder eine gewisse Angriffs- und Vernichtungshemmung geweckt, sobald wenigstens einer da ist, der Einspruch erhebt, nicht feige wegsieht und sich nicht zum Komplizen machen lässt!

Das Märchen geht nun so weiter, dass die drei Brüder zu einem Schloss kommen, wo alles wie versteinert ist. Innen finden sie ein graues Männlein, das ihnen drei Aufgaben zu erfüllen gibt, damit das Schloss erlöst werden könne. Die erste lautet, die Perlen der Königstochter im Wald zu finden. – Beide ältere Brüder versuchen es nacheinander binnen der gesetzten knap-

---

4    Vergleiche dazu: Franz Josef Radermacher, *Balance oder Zerstörung. Ökosoziale Marktwirtschaft als Schlüssel zu einer weltweiten nachhaltigen Entwicklung.* Österreichischer Agrarverlag, Wien 2002.

pen Frist. Aber beide kommen mit nur wenigen Perlen zurück und werden, wie angedroht, ebenfalls zu Stein. Da versucht es der Dummling, und siehe da: Während auch er Mühe hat, alle Perlen zu finden, kommen die Ameisen, denen er das Leben erhalten hat, und tragen alle Perlen für ihn zusammen. – Dann geht es an die zweite Aufgabe, die darin besteht, den Schlüssel zur Schlafkammer der Königstochter aus dem See zu holen. Nun sind es die Enten, die er gerettet hat, die ihm den Schlüssel aus der Tiefe bringen. Schließlich folgt die dritte Aufgabe, die schwerste:

> Aus den drei schlafenden Töchtern des Königs sollte die jüngste und liebste herausgesucht werden. Sie glichen sich aber vollkommen und waren durch nichts verschieden, als dass sie, bevor sie eingeschlafen waren, verschiedene Süßigkeiten gegessen hatten: die Älteste ein Stück Zucker, die Zweite ein wenig Sirup, die Jüngste einen Löffel Honig.
>
> Da kam die Bienenkönigin von den Bienen, die der Dummling vor dem Feuer geschützt hatte, und versuchte den Mund an allen dreien. Zuletzt blieb sie auf dem Mund sitzen, der Honig gegessen hatte, und so erkannte der Königssohn die rechte.
>
> Da war der Zauber vorbei, alles war aus dem Schlaf erlöst, und wer von Stein war, erhielt seine menschliche Gestalt wieder. Und der Dummling vermählte sich mit der Jüngsten und Liebsten und ward König nach ihres Vaters Tod; seine zwei Brüder aber erhielten die beiden andern Schwestern.

Dieses einfache und volkstümliche Märchen tut, was viele Märchen tun: Es erzieht zur Weisheit und offenbart, worin sie besteht.

Weisheit geht oft damit einher, dass jemand als Außenseiter, als rückständig und sentimental gilt, weil ihm die nötige Rücksichtslosigkeit fehlt. Er scheint für die Herausforderungen und Abenteuer des wirklichen Lebens nicht geeignet und kann eigentlich nur der große Verlierer sein. Es zeigt sich jedoch, dass Weisheit in Wahrheit das Prinzip von »Lebenstauglichkeit« überhaupt ist: sie erhält und bewahrt Leben, sie ist in sich selbst etwas tief Lebendiges und sie erweckt das Erstarrte zu neuem Leben. Wo Weisheit fehlt oder missachtet wird, erlischt das Leben und beginnt die geistige und emotionale Versteinerung und Erstarrung. Wir reden dann von Hardlinern, von Starrköpfen, Borniertren und Betonfraktionen.

Am Ende ist es der vermeintliche »Dummling«, der zum König wird – ein Bild für wahre Souveränität, Unabhängigkeit und Handlungskompetenz –, und der zugleich andere aus dem dunklen Zauber der Selbstentfremdung, Erstarrung und Versteinerung erlöst. Wie kommt es dazu? Keiner der Brüder ist in der Lage, die schwierigen Aufgaben zu lösen, auch der jüngste nicht. Ihm kommt nun aber zustatten, dass er seine Mitgeschöpfe – hier in der Gestalt von Tieren – nicht gegen sich aufgebracht oder sogar umgebracht hat. Nun werden sie seine Helfer.

Weisheit kommt also nicht auf direktem Wege zum Erfolg oder weil sie in besonderer Intelligenz oder Findigkeit beim Lösen von Problemen besteht, sondern weil sie grundsätzlich in einer Haltung der Achtsamkeit sich selbst und anderen gegenüber handelt. Nur wer mit den Ressourcen und der Mitwelt rücksichtsvoll umgeht, wird in Phasen der Krise erleben, dass gerade darin für ihn und alle übrigen (!) die Rettung liegt. Den Behutsamen wird am Ende das »Königreich« gehören, sagt das Märchen. Eben darin besteht Weisheit. Weisheit wird hier nicht als Verliererstraße, sondern als der Königsweg »nach oben« dargestellt.

Jetzt wird deutlich, dass der jüngste der drei Königssöhne mitnichten ein »Dummling« ist, sondern sich in mehrfacher Weise durch Mut, Klarheit, Besonnenheit, Mitgefühl und Achtsamkeit auszeichnet. Er stürmt nicht blindlings drauflos und sucht nicht das Abenteuer um des Abenteuers willens. Und er scheint es offensichtlich mit großer Fassung zu tragen, von seinen größeren Brüdern verachtet und verspottet zu werden. Aus einer solchen Position seinen eigenen Weg geradlinig zu gehen, setzt viel mehr Kraft und innere Freiheit voraus als die Spiele der Starken mitzuspielen.

Schließlich erweist sich seine Sensibilität als das Gegenteil von Sentimentalität: Rücksichtnahme wird am Ende zum Schlüssel, um ein ganzes Schloss zu entzaubern und aus einem völlig erstarrten und toten System wieder etwas Lebendiges und Pulsierendes werden zu lassen.

Der Dummling, der in Wahrheit der Weise ist, wird König sein, sagt das Märchen. Und nur, wer nicht als der Klügste, Stärkste, Verwegenste gelten will, sondern seine empathischen Seiten integriert und lebt, erlöst am Ende die, die zu steinernen Wesen geworden sind.

### Weisheitsarme Wissensdynamik

Aber es geht nicht nur darum, klug, stark und verwegen sein zu wollen. Es gibt noch eine andere Weise, die Welt und das Leben erobern zu wollen: durch die Anhäufung von rein äußerlichem Wissen, von Informationen und Datenmengen. Wer nicht informiert ist, riskiert, sich lächerlich zu machen und nicht ernst genommen zu werden. Der »Dummling« ist derjenige, der in der medialen Informationswelt nicht auf dem neuesten Stand ist. Bescheid wissen wird mit gescheit sein verwechselt.

Die Anhäufung von Wissens- und Informationsbergen stellt sich nicht nur für den Einzelnen als Problem dar, sondern auch für die Menschheit insgesamt. Die Wissens- und Kommunikations-Revolution erzeugt immer mehr Daten und unüberschaubare Wissensmengen. Und die Rasanz technologischer Entwicklungen scheint vieles von dem »Lebenswissen«, das die Menschheit angesammelt hat, zu überlagern und irrelevant zu machen – allerdings nur dann, wenn wir glauben, Technik sei im Grunde alles; technische Entwicklung ersetze gleichsam die Erwartung des Messias und erlöse die Welt.

Bernd Guggenberger beschreibt unsere Epoche als eine, »in welcher, wie nie zuvor in der Geschichte, der Berg des erfahrungsfreien Wissens mit wahrlich atemberaubender Geschwindigkeit zum Himmel wächst. Historisch neu und in ihren Konsequenzen noch gar nicht bedacht ist die Tatsache, dass die absolute Mehrzahl der Menschen ... in einer Welt lebt, die ... ganz überwiegend vom ›neuen‹ Typ des Wissens bestimmt wird: von einem Wissen ohne Erfahrung.«[5]

Und er fährt fort:

»Wir haben im letzten Halbjahrhundert zu schnell zu viel von jenem Wissen angesammelt, das durch Erfahrung nicht beglaubigt ist, weil diese auf keiner Stufe seines Erwerbs zum Tragen kam; ein Wissen, das nicht über Versuch und Irrtum allmählich gewachsen ist, sondern uns als Beuteobjekt des eroberungssüchtigen Verstandes zufiel. Wir haben dieses Wissen kulturell, geistig und psychologisch noch nicht ›verarbeitet‹. Da wir es nicht beherrschen, müssen wir fürchten, dass es uns beherrscht. Vor allem als Zerstörungswissen hindert es uns an der Entwicklung ›weicher‹ Strukturen, die Lernprozesse begünstigen und Umkehr ermöglichen. Unser Lernen gerät unter Optimierungszwang und wird ›pathologisch‹.«[6]

»Es gibt zu wenig ›Zusammenhangswissenschaften‹, die imstande sind, Einzelerkenntnisse aggregativ zusammenzuführen. Die ungeheure Wissensvermehrung der letzten Jahrzehnte hat uns in den meisten der von einzelnen wie von der Gemeinschaft zu entscheidenden Fragen nicht kundiger und urteilssicherer gemacht. Das ›Gewissheitswissen‹ dient der Beherrschung von Sachen; zur Gestaltung von Lebenssituationen hilft es wenig ... Was nützt es uns, über Unerhebliches exakt informiert zu sein, über immer Geringeres immer Genaueres zu wissen, wenn uns darob der Maßstab dafür verloren geht, wie die Dinge im Ganzen zusammenhängen,

---

5  Bernd Guggenberger, *Das Menschenrecht auf Irrtum. Anleitung zur Unvollkommenheit.* Hanser, München 1987, Seite 11.

6  Bernd Guggenberger, Seite 12.

was wichtig ist und was belanglos, was vordringlich, nützlich und notwendig ist, und was demgegenüber warten kann, was schädlich ist und was überflüssig? Wir könnten am Ende, mit Wissen hochgerüstet, mit leeren Händen dastehen, ratlos und ohnmächtig vor den Herausforderungen, mit denen uns das Leben begegnet.«[7]

»Das Gegenteil von Weisheit ist Vielwisserei, die *polymathia*«, betont auch Raimon Panikkar. »Genauer gesagt, ist die Quelle der Vielwisserei die eigentliche ›Unweisheit‹. Sie entstammt dem Bedürfnis, viele Dinge kennenzulernen. Dieses Bedürfnis – würde der Buddha hinzufügen – ist der Ursprung allen Leidens.«[8]

---

7    Bernd Guggenberger, Seite 73.

8    Raimon Panikkar, *Der Weisheit eine Wohnung bereiten*, Seite 16.

*»Wie steht's?«,*
*fragt der Professor einen seiner Studenten,*
*den er beim Spaziergang im Park trifft*
*und der kurz vor seinem Examen steht.*
*»Ach«,*
*klagt der Student,*
*»mit jedem Tag des Lernens und Büffelns*
*geht mir zu meinem Erschrecken auf,*
*was ich alles nicht weiß.«*
*»Ich gratuliere ihnen«,*
*antwortet der Professor,*
*»dann werden sie kaum noch*
*durchfallen können.«*

\* \* \*

*»Und? Was möchtest du einmal werden?«,*
*fragt eine Verwandte den Vierjährigen.*
*»Wieso?«, fragt der überrascht zurück.*
*»Ich bin doch schon was!«*

W eisheit gleicht
  einer bestimmten
Ganzheitserfahrung,
die unser Leben gestaltet.

RAIMON PANIKKAR

## 3. KAPITEL

# *Weisheitsbedarf*

In der Regel suchen wir im Blick auf die Fragen, die uns in Verlegenheit bringen, nach Antworten. Diese Antworten sollen sich tunlichst als Handlungsperspektive oder sogar als leicht umsetzbare Methode empfehlen. Sonst können wir sie uns sparen. Meinen wir.

Doch irgendwann merken wir: Antworten und praktische Handlungsvorgaben sind, langfristig gesehen, selten eine Hilfe. Denn morgen kann alles schon wieder ganz anders aussehen. Vor der schnellen Suche nach Antworten müsste also herausgefunden werden, was eigentlich die Fragen sind!

Was aber wären die richtigen Fragen?

### Späte Einsicht

Manche Menschen bekommen erst nach getaner Arbeit heraus, was die richtigen Fragen (gewesen) wären. Im Ruhestand. Traurig, aber immerhin. Spät, aber deswegen noch nicht unbedingt zu spät. Eine Umfrage unter emeritierten Pfarrern brachte zum Vorschein, dass viele von ihnen all die Jahre etwas verkündigt hatten, woran sie selbst gar nicht so richtig glauben konnten. Aber es gab kaum Zeit, dem nachzugehen. Die nächste Sonntagspredigt stand ja an.

So ist es mit manchen Wirtschaftsführern und Politikern nach Beendigung ihrer Karriere: Auf einmal ist es spannend, ihnen zuzuhören, denn sie sprechen ungewohnt mutige und nachdenkenswerte Gedanken aus – nachdem sie nicht mehr in Amt und Würden sind.

Und sind nicht Großeltern oft ein wunderbares Geschenk an die Menschheit, während die Eltern verbissen und verzweifelt nach dem Kompass suchen?

Offenbar lernt man die wirklichen Fragen des Lebens, wenn man nicht unter Druck steht, wenn Pause ist und Feierabend. Und wenn man die Demut erlangt, vieles loszulassen von dem, das einem früher einmal als Antwort erschienen ist und einleuchtend war.

Spätes Erkennen nennt man so etwas. Bei den einen ist es mit großer Trauer verbunden, vielleicht mit Scham, Reue und Bestürzung. Aber so muss es nicht sein. Auch spätes Erkennen ist Erkennen. Und wer sagt, ob es überhaupt ein anderes echtes und belastbares Erkennen gibt als das … späte?! Also darf man es feiern, sich daran freuen, es wie Freiheit einatmen – um fortzufahren mit dem Aufbrechen …

## Zerrissene Existenz

Oft finden wir die richtigen Fragen (oder sie finden uns) aber auch in dem Augenblick, wo Beruf einerseits und persönliche Daseinsbewältigung andererseits uns in eine Zerreißprobe bringen. Dann ahnen wir: Die Welt und das Leben sind immer ein Ganzes; wer hier trennt, verliert alles. Das Fatale ist nur: Unser System, die Logik von Gesellschaft und moderner Wirtschaft zwingt uns geradezu, zu trennen; genau das ist ihr monotoner Appell. Dieser Appell lautet: Ob du dich selbst verlierst, interessiert nicht, gefragt ist dein Nutzen – und nützlich bist du nur, wenn du in der Spur der Systemlogik bleibst, wenn du keine unanständigen Zwischenfragen stellst, die uns nur aufhalten und nichts bringen. »Philosophisch« darfst du im Ruhestand werden – und dabei Forellen züchten oder zum Nordkap

wandern. Hier und heute brauchen wir einzig, was das Getriebe
ölt und positive Zahlen hervorbringt. Es geht schließlich um
unseren Erfolg!

Auf diese Weise werden Menschen in ihrer Unverwechsel-
barkeit und Einmaligkeit zu eigenartig verbogenen Gestalten.
Und manche ähneln am Ende eher einer Karikatur ihrer selbst.
Ich beobachte das immer wieder: Führungskräfte beherrschen nach einer gewissen Zeit eine bestimmte Weise, sich zu
geben. Ihre Kleidung ist *business-like* (ausgefeilt stilvoll), ihr
Umgang mit Handy und Notebook im Intercity oder am Flug-
hafen gestaltet sich als eine perfekte Inszenierung. Gegenüber
Kunden haben sie sich einen bestimmten Sprach- und Sprech-
stil angeeignet; gegenüber Mitarbeitern wiederum einen anderen (für beides hat man schließlich Seminare besucht). Sie
zelebrieren die standesübliche Zeitknappheit, als handele es
sich um eine höhere Weihe. Und sie kennen, was man kennen
muss: In jeder größeren Stadt ein besonders feines Restaurant
mit einem außergewöhnlichen Wein. Vor allem aber stehen sie
unter Strom. Sie haben einen chronisch erhöhten Adrenalin-
spiegel, als ständen sie immerzu kurz vor dem Anpfiff zu einem
Spitzenspiel. Alles ist wichtig, was mit ihrem Job und der Firma
zu tun hat. Und das macht sie – diesen Eindruck vermögen sie
jedenfalls gekonnt zu vermitteln – sehr glücklich und vital.

Dieselben Individuen leben zur gleichen Zeit noch ein zwei-
tes Leben. Das ist ihnen bisweilen selbst kaum bewusst. Aber
sobald sie sich unbeobachtet und außer Gefahr wähnen, klagen
sie über mörderischen Stress, sind sie voll Spott, Häme und
Verachtung über diesen dämlichen Vorstand; gestehen sie,
dass sie abends zu viel Wein trinken, zu schlecht schlafen, bald
wieder eine Diät brauchen, keine Zeit für die Kinder haben, ja,
noch nicht einmal für die Beantwortung privater E-Mails – und
überhaupt: Man macht das vielleicht noch zehn Jahre so weiter,
aber dann ist Schluss; schließlich will man ja auch noch etwas
haben vom Leben! – Wie verräterisch ist daher das Modewort
von der *work-life-balance*: Diesem Begriff zufolge findet das

Leben außerhalb der Arbeit, die Arbeit außerhalb des Lebens statt. Folglich gibt es einen Dualismus von Arbeit und Leben, der nur schwer auszugleichen und in Balance zu halten ist. Das Leben beginnt erst außerhalb der Arbeit. Nur kommt man so wenig dazu ...

Diese Daseinsweise könnte man »zerrissene Existenz« nennen. Das ist kein Vorwurf, im Gegenteil. Es handelt sich um eine Form innerer Entfremdung, bei der mancher sich selbst so abhanden kommt, dass er sich nicht mehr antrifft, wenn er wirklich einmal »zu sich kommen« möchte.

Das Fatale ist, dass viele genau das aber gar nicht bemerken. Irgendein trügerisches Licht scheint Farben, Konturen und Relationen so zu verfälschen, dass man sich täuscht über die Lage, über sich selbst – und sogar über die Großwetterlage.

Es kann daher heilsam und von großem Wert sein, einmal in eine Situation zu geraten, wo man den Riss, der durch das eigene Leben geht, deutlich zu Gesicht bekommt. Wo man dieser Wahrnehmung nicht mehr ausweichen kann – einfach, weil der Leidensdruck zu groß geworden ist. Vielleicht zum ersten Mal beginnen wir zu ahnen, was gemeint sein könnte, wenn wir vom Leben – vom Leben unseres Planeten, vom Leben der Menschheit und von unserer eigenen Existenz – als einer *Ganzheit* sprechen und uns mit der funktionalen Zerstückelung nicht mehr einverstanden erklären.

### Konstruktive Unzufriedenheit

Unser persönlicher Weisheitsbedarf meldet sich meist zuerst in einer konstruktiven Unzufriedenheit im Blick auf das, was wir tatsächlich Tag für Tag leben: dass wir nur noch aus dem Augenblick und für den Augenblick planen, entscheiden und handeln, ohne die Kraft zu haben, über die Folgen für morgen, übermorgen, für die Zeit in zehn oder fünfzig Jahren nachzudenken.

In der Wirtschaft zeigt sich Weisheitsbedarf in alarmierender Weise überall dort, wo ein Unternehmen krankmachende oder entfremdende Arbeitsbedingungen in Kauf nimmt oder hervorbringt, weil man glaubt, nur so am Markt bestehen zu können. Dazu gehören nicht nur körperliche, psychosomatische oder psychische Erkrankungen, sondern auch die Erkrankung unserer lebenswichtigen Beziehungen: zum Partner, zu den Kindern, zum Freundeskreis.

Und schließlich meldet sich aufkommender Weisheitsbedarf überall dort, wo unsere Fähigkeiten, Kompetenzen und unsere noch so gute Position einfach nicht mehr ausreichen, um das eigene Handeln verantworten zu können. Vielleicht stellt sich zunächst nur das diffuse Gefühl ein: Ich benötige noch ein anderes Können und Wissen als jenes, was ich mir in meiner Ausbildung, in Seminaren und Trainings angeeignet habe; ein Können und Wissen auf einer ganz anderen Ebene. So etwas wie Navigationswissen oder Richtungssicherheit, wie die Seeleute sie besaßen, bevor sie unsere modernen Navigationsinstrumente und -computer kannten. Und es müsste etwas zu tun haben mit dem Zusammenhang von

- Handeln und Sinn,
- Entscheidungskompetenz und Lebensdienlichkeit,
- Erfolg und Hoffnung für die kommenden Generationen.

Genau darum geht es, wenn wir nach Quellen der Weisheit und einer weisheitlichen Lebensgestaltung fragen.

Wir »wissen seit langem«, schreibt der Franziskanermönch und Führungskräfteberater Helmut Schlegel, »dass Menschen dann beruflich gut sind, wenn sie sich als Menschen in allen Dimensionen ihres Daseins entfalten können.«[9] »Zwölf geistliche Grundwerte« zählt er auf:

- Achtsamkeit,

---

9   Helmut Schlegel, *Spiritual Coaching. Führen und Begleiten auf der Basis geistlicher Grundwerte*. Echter, Würzburg 2009², Seite 7.

- Beharrlichkeit,
- Echtheit,
- Gerechtigkeit,
- Gottvertrauen,
- Klugheit,
- Lebensfreude,
- Liebe,
- Maßhalten,
- Mut,
- Selbstvertrauen und
- Zuversicht.

Persönlicher Weisheitsbedarf – er kommt uns zum Bewusstsein, wenn wir uns an die Regel erinnern, auf der unser Dasein und unser ganzes Universum aufgebaut ist: Alles ist eins. Alles hat mit allem zu tun. Wer spaltet (das Leben, sich selbst, die Welt, die Werte), verliert nicht nur etwas. Er verliert alles.

### Kindererziehung

Schließlich wäre von einem Weisheitsbedarf zu sprechen auf einem Feld, das von einer kaum zu überschätzenden existentiellen und gesellschaftlichen Bedeutung ist: der Erziehung unserer Kinder. Gelingende Erziehung – so etwas gibt es nämlich. Wo es dazu kommt, sprechen Eltern und ihre Kinder und sprechen Menschen um sie herum und darüber hinaus von einem großen Glück, von einer eigentümlichen Gnade, einem Geschenk – aber auch einer hohen Kunst.

Jedoch ist die Verwirrung in unserer Gesellschaft fast nirgends größer als hier – und dementsprechend auch die Aufgabe. Notker Wolf zitiert einen Lehrer, der seit dreißig Jahren im Schuldienst ist:

»Mittlerweile müssen wir uns fast mehr um die Eltern als um die Kinder kümmern ... Warum? Weil Eltern heute entweder zu viel oder zu wenig tun. Entweder vernachlässigen sie ihre Kinder oder erdrücken sie und nehmen ihnen durch ihre ständige Sorge die Luft zum Atmen. Bei den einen werden die Kinder sich selbst überlassen, bei den anderen dürfen sie keinen unbeobachteten, unbewachten Schritt machen. In vielen Fällen gibt es überhaupt keine innere Verbindung mehr zu den Kindern. Meine Elterngespräche drehen sich daher oft darum, den Müttern und Vätern ein vernünftiges Verhältnis zu ihren Kindern nahezulegen. Ihnen zu erklären, dass es genau so falsch ist, sie auf Schritt und Tritt zu bemuttern, sie überall hinzufahren und alles für sie zu organisieren, wie sie aus falsch verstandener Freiheit einfach sich selbst zu überlassen.«[10]

Mit diesem Zitat kann ich das Feld der Erziehung mit seinem erheblichen Weisheitsbedarf nicht mehr als markieren.[11]

Bevor wir uns in den nächsten Kapiteln auf Spurensuche nach dem Wesen und den Quellen der Weisheit begeben, an dieser Stelle zunächst einmal eine kleine Wegzehrung. Der recht bekannt gewordene Text »Desiderata« gilt irrtümlicherweise als alt, denn unter vielen Abschriften steht: »Aus der alten Pauls-Kirche, Baltimore 1692.« Dies ist leider ein Irrtum. Der

---

10  Abtprimas Notker Wolf, Schwester Enrica Rosanna, *Die Kunst, Menschen zu führen*. Rowohlt, Reinbek 2007⁵, Seite 132f.

11  Weisheit und Erziehung bzw. Pädagogik – dazu bedürfte es eines ungleich tieferen Nachdenkens, das aber den Rahmen dieses Buches sprengen würde. Im Blick auf die immense Bedeutung des Kleinkindalters möchte ich besonders dieses Buch empfehlen: Jirina Prekop, Gerald Hüther, *Auf Schatzsuche bei unseren Kindern. Ein Entdeckungsbuch für neugierige Eltern und Erzieher*. Kösel, München 2006⁴.

Text ist dennoch ehrwürdig und kostbar. Ich lese ihn oft in Seminaren vor, und jedes Mal löst er lebhafte Gespräche aus.

### Desiderata

*Gehe ruhig und gelassen inmitten von Lärm und Hast und sei des Friedens eingedenk, der in der Stille ist.*

*So weit als möglich – ohne dich selbst aufzugeben –, stehe in freundlicher Beziehung zu allen Wesen.*

*Äußere deine Wahrheit ruhig und klar und höre anderen zu, auch wenn sie langweilig und unwissend sind; auch sie haben ihre Geschichte.*

*Meide die Lauten und Streitsüchtigen, sie verwirren das Gemüt. Wenn du dich mit anderen vergleichst, könntest du hochmütig werden oder dir nichtig vorkommen, denn immer wird es jemanden geben, größer oder geringer als du.*

*Freue dich deiner eigenen Leistungen wie auch deiner Pläne. Bleibe weiter an deiner eigenen Laufbahn interessiert, wie bescheiden auch immer. Sie ist ein echter Besitz im Wandel der Zeit.*

*In deinen geschäftlichen Angelegenheiten lass Vorsicht walten; denn die Welt ist voller Betrüger. Aber dies soll dich nicht blind machen, denn Rechtschaffenheit ist auch vorhanden. Viele Menschen ringen um hohe Ideale, und überall ist das Leben voller Heldentum.*

*Sei du selbst, vor allen Dingen täusche keine falschen Gefühle vor. Noch sei zynisch, was die Liebe betrifft; denn trotz aller Öde und Enttäuschung verdorrt sie nicht, sondern wächst weiter wie das Gras.*

*Höre freundlich und gelassen auf den Ratschlag des Alters, gib die Dinge der Jugend mit Anmut auf.*

## 3. Weisheitsbedarf

*Stärke die Kraft des Geistes, damit sie dich in plötzlich hereinbrechendem Unglück schütze.*

*Aber beunruhige dich nicht mit Einbildungen. Viele Ängste sind Folge von Erschöpfung und Einsamkeit.*

*Bei einem heilsamen Maß an Selbstdisziplin sei gut zu dir selbst. Du bist ein Kind des Universums, nicht geringer als die Bäume und die Sterne, du hast ein Recht, hier zu sein.*

*Und ob es dir nun bewusst ist oder nicht: Zweifellos entfaltet sich das Universum wie vorgesehen.*

*Darum lebe in Frieden mit Gott, was für eine Vorstellung du auch von ihm hast, und was auch immer dein Mühen und Sehnen in der lärmenden Wirrnis des Lebens ist, bewahre den Frieden in deiner Seele.*

*Trotz all ihrem Schein, der Plackereien und der zerbrochenen Träume ist diese Welt doch wunderschön. Sei vorsichtig.*

*Strebe danach, glücklich zu sein.*

MAX EHRMANN, 1927

R eifen wie ein Baum,
der seine Säfte nicht drängt und
getrost in den Stürmen des Frühlings steht,
ohne Angst, dass dahinter
kein Sommer kommen könnte.
Er kommt doch.
Aber er kommt nur zu den Geduldigen,
die da sind, als ob
die Ewigkeit vor ihnen läge,
so sorglos, still und weit.

RAINER MARIA RILKE

## 4. KAPITEL

# Weisheit will Weile haben

E in großer Konzern plant die Revision und Neukonzi-
pierung seiner gesamten Fortbildungspalette für das
mittlere und gehobene Management. Im Rahmen
einer *Human-Resources*-Akademie wird ein Modulsystem
entwickelt und ein international einheitliches Trainings- und
Weiterbildungsprogramm entworfen. Auch vertiefende *follow-
up's* sind schon im Blick. Man interessiert sich sehr für mein
Seminarangebot zum Thema »Führen durch Weisheit«. Doch
dann folgt das befürchtete »Aber«: »Aber unsere Führungskräfte benötigen einfache und kompakte Inhalte, die schnell
umsetzbar sind. Sie wollen möglichst wenig Theorie, sondern
unmittelbare, praktische Anwendungsmöglichkeiten!« Also am
liebsten: Weisheit im Crash-Kurs! Ich habe begriffen.

Entsprechend agiert der Beratermarkt: In voraus eilendem
Gehorsam wird kleingehäckselt, was nur in größeren Zusammenhängen stimmig ist, wird psychologisches Wissen im
Maggi-Würfel-Format angeboten, werden Persönlichkeitstypo-
logien im Schnellverfahren vermittelt. Inzwischen gibt es auch
Zen-Weisheiten für Führungskräfte im *hand-out*-Format. Was
in tausend Jahren gewachsen ist, soll in einem Tagesseminar
rezipiert und angeeignet werden. Denn: Gut Ding darf keine
Weile haben.

Raimon Panikkar warnt:

»Kein Zwang darf auf die Weisheit ausgeübt werden, keine
Erwartung auf gute Ergebnisse unserer guten Taten ... Unsere
Bereitschaft zur Weisheit ist ein Ziel in sich selbst, nicht ein
Mittel, um uns damit Weisheit zu erwerben.«[12]

Aber wir haben es eben eilig. Doch so, wie Weisheit sich nicht
verträgt mit technokratischem Denken, so verträgt sie sich
auch nicht mit Ungeduld und Eile. Dazu passt, was Robert Bly
schreibt:

»... und so schlagen wir uns selbst mit der einfachsten aller
Waffen: mit der Geschwindigkeit! ... Nur wenige können sich
überhaupt vorstellen, dass authentisches Leben aus einer
vertikalen Orientierung – aus Tradition, Religion, Hingabe
an geistige Werte – kommen könnte.«[13]

»Leben in Echtzeit. Wie Sie schneller fertig werden« – so titelte
eine Ausgabe der Zeitschrift *brand eins* (2007/3). Ja, wir möchten gerne »schnell fertig sein«, aber viele sagen nur, wie fertig
sie inzwischen sind ...

Das Thema Weisheit ist also mit dem Thema Tempo unlösbar
verknüpft, aber gegenläufig. Weisheit gehorcht keinem Tempo
und drückt nicht aufs Tempo. Weisheit entsteht aus Verlang-
samung und bewirkt Entschleunigung. Weisheit gehorcht nur
einem einzigen Prinzip: dem Prinzip Wachstum.

Was Wachstum bedeutet, lernt man am besten im Wald.
Der Satz: »Ich glaub', ich steh' im Wald«, wird zwar meistens
gesagt, wenn man »die Welt nicht mehr versteht«. Tatsächlich
entsteht Weisheit in vielen Mythen und Märchen buchstäblich

---

12   Raimon Panikkar, *Der Weisheit eine Wohnung bereiten*, Seite 30.

13   Robert Bly, *Die kindliche Gesellschaft. Über die Weigerung, erwach-
     sen zu werden*. Kindler, München 1997, Seite 7f.

jedoch im Wald, weil sich dort »Lösungen für Probleme ... vorzubereiten pflegen, die mit den Mitteln des taghellen, zivilisierten Verstands nicht zu meistern sind«[14].

Der Wald, das ist zum Beispiel der Zauberwald, wo magische Möglichkeiten walten; er ist dunkel, undurchdringlich und bedrohlich – aber dann ist da irgendwo ein Licht, ein Haus, wodurch sich ein neuer Weg auftut. Der Wald im Märchen ist das ungebahnte, düstere und unübersichtliche Gelände, in dem man sich nur verlaufen kann. Er ist bedrohlich. Aber gerade so geschehen in ihm Dinge, die auf der »sicheren Seite« niemals eintreten würden. Der Wald steht für das Hinausgehen aus der Zivilisation, aus den gültigen Moralgesetzen, Herrschaftsverhältnissen, Abhängigkeiten und Lebensgewohnheiten. Im Wald geschieht so etwas wie eine Umwandlung, in der Altes abstirbt und Neues aufkeimt. Aus dem Wald kommt man verändert hervor – und ist zu etwas in der Lage, das vorher undenkbar ist. Im Hinduismus gibt es die Lehre von den vier Phasen des Lebens. Danach ist die erste Phase die des »Schülers«. Die zweite die des »Hausbauers«, die dritte die des »Suchers« oder »Waldbewohners« und die vierte Phase schließlich die des »Weisen«.

Nach dem Ende der Kindheit und der Schulzeit hat die Phase des »Hausbauers« – auf moderne Lebensverhältnisse übertragen – mit beruflichem Start, Beginn wirtschaftlicher Selbständigkeit, Familiengründung, aber auch beruflicher Karriere zu tun. Das Problem in unserer westlichen Gesellschaft ist jedoch, dass bei vielen mit dieser Phase gleichsam Schluss ist. Dies führt dazu, dass wir den Übergang nicht erwischen, der alleine zu Phase vier führt, zur Weisheit. Dieser Übergang liegt in Phase drei, dem »Sucher« oder »Waldbewohner«. Hier geht es um die Herausforderung der Lebensmitte, wo ich allmählich vom

---

14   Eugen Drewermann, *Von der Macht des Geldes oder Märchen zur Ökonomie*. Patmos, Düsseldorf 2007, Seite 137.

Wissen zur Weisheit gelangen müsste, vom Tun zum Lassen, von äußeren Aktivitäten zu inneren Wandlungsprozessen.

Der »Waldbewohner« steht für die Entscheidung und Bereitschaft, noch einmal gleichsam aus dem mühsam erbauten Haus auszuziehen in eine Art Unbehaustheit, wo ich erneut nach dem Weg tasten und suchen muss und meine Sicherheit gegen das noch Ungewisse eintausche.

Eigentlich haben wir in der christlich geprägten westlichen Kultur keinerlei spirituelle Tradition oder Lebensphilosophie, in der gerade nach bzw. gegen Ende der Leistungsperiode noch einmal ein ganz fundamentaler Einschnitt und Aufbruch in den Blick genommen wird. C. G. Jung spricht im Blick auf die zweite Lebenshälfte von der Aufgabe der »Integration«, nämlich der Integration des bislang Ungelebten, Verdrängten und Nichtwahrgenommenen. Das entspräche ziemlich genau der vedischen Lehre von der dritten Phase des »Rückzugs in den Wald«. Damit ist gesagt, dass nach allen familiären und beruflichen Anstrengungen gerade noch etwas Wesentliches kommt und uns erwartet. Es handelt sich darum, Abstand zu gewinnen zu den Pflichten, den gesellschaftlichen Erwartungen und den verengten Selbstbildern, um zu einer ganz anderen inneren Freiheit, Lebensintensität und Stimmigkeit zu gelangen. Im geistigen Urbestand der alten vedischen Spiritualität ist dies aber nicht ohne Askese und Opfer zu erlangen.

Für uns heute stellt sich die Frage: Welches »Gepäck« ist nun entschieden abzuwerfen, um einen leichteren Gang zu erlernen, Bindungen zu lösen und schöpferische Distanz zu gewinnen? Was hieße also auf dem Zenit von Karriere und sonstigem biografischen *Powerplay*: Leben »mit leichtem Gepäck«?[15]

---

15 Interessant ist, dass in einer späteren Auslegung dieser alten vedischen Lehre von den vier zu durchlaufenden Lebensstufen folgende Anweisungen für die Darbringung von Opfern gegeben wurden, wodurch zwei Zäsuren eingezogen wurden: Die erste und die letzte Stufe galten

Um für sich selbst einen ersten Zugang zu der geheimnisvollen Lebensphase des »Waldbewohners« zu finden, könnte es
sich lohnen, die nachfolgenden Sätze von Rainer Maria Rilke
intensiv zu meditieren:

> *Man muss Geduld haben,*
> *gegen das Ungelöste im Herzen,*
> *und versuchen, die Fragen selber lieb zu haben,*
> *wie verschlossene Stuben und wie Bücher,*
> *die in einer fremden Sprache geschrieben sind.*
> *Es handelt sich darum,*
> *alles zu leben.*
> *Wenn man die Fragen lebt,*
> *lebt man vielleicht allmählich,*
> *ohne es zu merken,*
> *eines fremden Tages in die Antwort hinein.*

Was lösen diese Sätze emotional bei mir aus? Wecken sie bei
mir einen Vorbehalt? Worin könnte das seinen Grund haben?
Worin könnte der Wert liegen, wenn man in der zweiten
Lebenshälfte noch einmal mit den Fragen von vorne anfängt?
Nur wer einen solchen Weg, wie ihn die Vier-Stadien-Lehre

---

als Lebenszeiten des Noch-nicht- und des Nicht-mehr-Opferns: Der
Veda-Schüler opfert noch nicht, da er sich die Berechtigung dazu erst
durch sein Studium zu erwerben hat. Und der Entsager opfert nicht
mehr, da er seine Opferfeuer aufgegeben hat.

Diesen Gedanken kann man für moderne Verhältnisse auch sym-
bolisch betrachten. Dann ergibt sich, dass die zwei mittleren Lebensphasen – Familiengründung und berufliche Laufbahn sowie der
innere Rückzug, um zu dem bisher Erreichten einen schöpferischen
Abstand zu gewinnen und sich für das weitere Leben noch einmal neu
zu orientieren – dass also diese beiden Lebensphasen mit »Opfern«
verbunden sind.

Dem stehen gegenüber die Phase des »Schülerseins« und des »zur-
Ruhe-Gekommenen und weise-Gewordenen«. Hier darf es noch nicht
bzw. nicht mehr um das Erbringen von Opfern gehen.

mit dem dritten Stadium markiert, innerlich auf sich nimmt, gelangt zur Weisheit.

Indem Weisheit sich nicht den Forderungen des Augenblicks und dem Diktat des kurzfristig Nützlichen beugt, fragt sie stets danach, was langfristig erforderlich ist und nachhaltig zum Guten dient. Dies kann man zum Beispiel tatsächlich lernen, indem man sich in den Wald begibt und sich dort den Bäumen zuwendet – nicht nur im spirituellen und symbolischen Verständnis, sondern ganz praktisch und real.

Ein Artikel von Sören Harms in der Zeitschrift *brand eins* (3/2008) trug den Titel: »Willkommen im neuen Holzzeitalter« – »Hasten, eilen, rennen? Bäume wachsen trotzdem nicht schneller. Ein Besuch bei Waldbesitzern – und was die hektische Welt von ihnen lernen kann.« »Was wäre der Wald ohne die Zeit?«, wird da gefragt. Und was ist davon zu lernen? »Vorausschau. Nachhaltigkeit. Gelassenheit. Vertrauen auf ruhiges Wachstum. Solche Dinge ...« Was wir auch lernen in einer Zeit, in der Stürme und Orkanböen zunehmen: Was schnell wächst, fällt auch schnell dahin. Siehe »Kyrill« und seine hingestreckten Fichtenwälder. Fichten wurzeln flach, das ist das Problem. »35-jährige Stämme zu verkaufen, das ist wie halbfette Schweine schlachten«, wird der Forstunternehmer Hilmar Kellinghusen zitiert.

---

So betrachtet, hieße das für die Phase, in der Kinder und Jugendliche noch Schüler sind: Sie haben dafür keine »Opfer« zu bringen, sondern sollen das Leben erkunden, entdecken und für sich erobern. Es gibt eine Art von gesellschaftlichem Leistungsdruck (was nicht den Begriff der Leistung selbst in Frage stellt), der nicht zu dieser Phase passt.

Entsprechend ist der Sinn des Alters die gewonnene Freiheit, wo keine »Opfer« im Sinne von Mühsal und Anstrengungen verlangt werden, sondern wo Freiheit und Gelassenheit und Genießendürfen gerade einen Aspekt der »Weisheit« ausmachen.

»Ich ernte, was mein Großvater gepflanzt hat oder mein Urgroßvater. Und ich werde nie ernten, was ich gepflanzt habe«, wird ein anderer Waldbesitzer zitiert. Schwer zu lernen. Also gilt auch: Weisheit gibt es nur zusammen mit ihrer leisen Schwester, der Geduld.

Immer dort, wo die Weisheit mitreden darf, wird der Generationenvertrag erneuert. Immer haben wir etwas empfangen und immer sollen wir etwas weitergeben, das weit über die eigene Generation und Zeitspanne hinausreicht.

Was bedeutet Wachstum in lerntheoretischer Hinsicht? Im Bereich *People Development* zum Beispiel?

Weisheit ist als Crash-Kurs nicht zu haben. Denn für Weisheits-Wissen gilt in noch viel höherem Maße, was für jegliches Lernen gilt:

- Es braucht mehrdimensionale Wege der Aneignung,
- Es ist immer verknüpft mit Prozessen des *Um*lernens und *Ver*lernens, denn neues oder vertieftes Wissen korrigiert oft bisheriges oder vermeintliches Wissen.
- Immer dort, wo der Weg vom Wissen zur Weisheit verläuft, geht es um unsere Haltungen und Gewohnheiten, um unsere Denk- und Verhaltensmuster, um die Art unseres Urteilens und Bewertens. So etwas legen wir nicht ab wie Kleidungsstücke, die wir nicht mehr mögen. Eher geht es um langwierige »Häutungsprozesse« und das Hineinwachsen in veränderte Grundeinstellungen, Sichtweisen und Verhaltensmuster.

All dies wissen wir aus der modernen Hirnforschung inzwischen sehr genau. Jede Form von Wissen muss sich in neuronalen Schaltungen und Netzwerken manifestieren, was nie

»per Knopfdruck« vor sich geht, sondern zum Beispiel Aneig-
nungszeiten, Wiederholungen und Inputs auf verschiedenen
Wahrnehmungs-Frequenzen braucht.[16]

---

16  Für die Personalentwicklung von Unternehmen und Organisationen
    braucht es daher neben straffen und präzisen Seminaren langfristige
    Strategien, die die Aneignung und Umsetzung möglich machen. Dies
    gilt überall dort, wo nicht nur technisches Know-How angesagt ist,
    sondern Lernprozesse, die die Gesamtpersönlichkeit der Führungs-
    kraft herausfordern.
      Meines Erachtens benötigen wir in der Wirtschaft heute ein ver-
    ändertes Coaching-Angebot und zum Teil auch andere Coaches. Füh-
    rungskräfte-Coaching als Zweijahres-Programm auf der Basis von
    Themen, die sozusagen der Wald und die Bäume uns lehren:

    • transpersonale Verankerung,

    • Einübung persönlicher Rituale für Wertorientierung und Achtsam-
      keit,

    • systemische Selbstwahrnehmung im Unternehmen und in der
      Lebensganzheit

    • Krisenbearbeitung als Wandlungsarbeit.

    Ein Unternehmen, das in solche Trainings für seine Führungskräfte
    investiert, kann sich eine Reihe von Seminaren in teuren Tagungs-
    hotels sparen und sollte dafür nach Beratern und Intensiv-Begleitern
    suchen, die gleichsam mit dem »Geheimnis des Waldes« und dem
    »Gesetz der Bäume« vertraut sind.
      Irgendwann, vielleicht erst nach zehn oder zwanzig Jahren, hat
    sich in einem Unternehmen, das seine eigenen Führungskräfte auf
    diese Weise gepflegt, geschult und auf Weisheit hin orientiert hat, das
    mithin seine Leitungspersonen behandelt hat wie ein Forstwirt jene
    Bäume, die eines Tages den größten Gewinn abwerfen, die gesamte
    Philosophie verändert. Und der Tag wird kommen, da werden andere
    Unternehmen im Inland und Ausland kommen und fragen: Was habt
    ihr gemacht, dass ihr jetzt der Entwicklung voraus seid?

Langsam gewinnt es an Farbe,
allmählich gewinnt es Gestalt,
heute noch eine Knospe,
in tausend Jahren nicht alt.

Barriquegeschmack auf der Zunge,
perlender Nachgesang,
was lange braucht, das dauert
und lehrt dich den langsamen Gang.

Wasch dir die Hast aus den Poren
und lass den Schnee zu, der fällt.
Träume, im Dunklen geboren,
sind dir zu Wächtern bestellt.

Geh langsam, es taut in der Senke,
noch steht alles nass und grau,
doch morgen ist's da, man denke
und lerne das Wörtchen: schau!

Der Wein tropft aus fernen Gestirnen,
und Leben tropft aus dem Stein,
und aus uraltem Wort, einem fernen,
fließt helles erfrischendes Sein.

Mach's langsam also, geduldig,
sei Schöpfer in Schöpfers Spur.
Sei Wolke und Regenbogen
voll Licht, eine goldene Schnur.

WOLFGANG VORLÄNDER

D amit sich die Weisheit selbst
eine Wohnung bereiten kann,
bedarf es der Freiheit.
Diese Freiheit hat einen Namen:
Er heißt Gnade.

RAIMON PANIKKAR

## 5. Kapitel

# *Weisheit als innere Freiheit*

Wer nach Weisheit trachtet und auf Weisheit achtet, wird nicht automatisch erfolgreicher oder beliebter. Im Zusammenleben der Menschen zählt häufig die Anpassung. Und im beruflichen oder politischen Leben könnte Weisheit, wo sie auf Widerstand und Verachtung stößt, einen Karriereknick verursachen. Weisheit entsteht, wächst und wohnt nur dort, wo ein Mensch zu seiner inneren Freiheit gefunden hat. Innere Freiheit ist aber subversiv und gefährlich: entweder für das jeweilige bestehende System oder riskant für den, der das System stört und bedroht. Die Weltgeschichte ist voll von Belegen.

Natürlich kann sich kein Unternehmen, keine Organisation etwas Besseres wünschen als Mitarbeiter, die in innerer Freiheit denken, planen und handeln – sofern sie damit ihrem Unternehmen dienen wollen (und das Wohl aller im Blick haben). Innere Freiheit bedeutet ja nicht nur, nicht käuflich zu sein, sondern setzt auch unser schöpferisches Potenzial frei. Innere Freiheit führt weg vom kanalisierten Denken zu kreativen und innovativen Erkenntniswegen, die wie ein natürlicher Fluss »mäandern« und daher wirklich fruchtbar und befruchtend sind.

Man staunt immer wieder, welche »Befreiungsbewegungen« entstehen, wenn jemand »einfach sagt«, was »einfach vernünftig« ist. Weisheit braucht nicht in jeder Hinsicht ein halbes Jahr Ashram, braucht nicht immer die stille Versenkung in die meditativen Schriften Meister Eckharts. Um zu erfassen, wie eng wirkliche Weisheit mit dem gesunden Menschenverstand verwandt ist, sollte man sich einmal das Buch der Weisheit und die »Sprüche Salomos« im Alten Testament als Lektüre gönnen. Bei jedem Satz möchte man sagen: Es leuchtet unmittelbar ein! Das sagt mir meine Lebenserfahrung auch! Total vernünftig!

Vor allem staunt man, wenn man alte Weisheitstexte und -lehren studiert, wie ungemein nüchtern und klug dort gedacht, gesprochen und Rat erteilt wird. Das mag besonders denjenigen in Erstaunen versetzen, der zunächst einmal wahrnimmt, wie viele alte Weisheitsquellen religiöser Natur sind. Kann es sein, dass wirkliche, nüchterne und befreiende Diesseitigkeit ohne Transzendenz, also unter einem gewissermaßen von unten verschlossenen Himmel, schlechter gelingt? So könnte es sich in der Tat verhalten. Denn ein solches Denken, eine solche Urteilskraft kann nur dort erwachsen, wo jemand zu einer Freiheit gefunden hat – übrigens auch von sich selbst –, die schwerlich gedeiht, wo der Mensch nur von sich selbst herkommt und nur auf sich selbst zuläuft. Religiöse Verwurzelung und Orientierung kann – wo sie im Zeichen von Mündigkeit und Verantwortung steht – gerade der entscheidende Anker sein, der einem ermöglicht, der Strömung zu trotzen; oder kann sich – mit einem anderen Bild – als das eigentlich notwendige Fundament erweisen, das den aufrechten Gang erst möglich macht.

Letztlich muss jeder, der nicht unterhalb des freien Denkens, des unabhängigen Urteilens und der wirklichen Verantwortungsübernahme leben will, lernen, stromaufwärts zu fahren. Dafür aber muss er für sich die Frage beantworten, wessen es bedarf, um der Mühe eines solchen Weges standzuhalten: Was sind die spirituellen und moralischen Bedingungen für das hohe Gut verantwortungsfähiger Freiheit?

Daniel Goeudevert hat seinem bereits erwähnten autobiografischen Buch, das viel mit dem Thema »Freiheit« zu tun hat, folgendes Zitat von John Steinbeck vorangestellt:

> »Menschliche Eigenschaften wie Güte, Großzügigkeit, Offenheit, Ehrlichkeit, Verständnis und Gefühl sind in unserer Gesellschaft Symptome des Versagens. Negativ besetzte Charakterzüge wie Gerissenheit, Habgier, Gewinnsucht, Gemeinheit, Geltungsbedürfnis und Egoismus hingegen sind Merkmale des Erfolgs. Man bewundert die Qualität der ersteren und begehrt die Erträge der letzteren.«

Einer, der wie Daniel Goeudevert[17] »den Autismus in Vorstandsetagen«, die »Welt- und Menschenfremdheit im Management« und die »sich verselbständigenden Strukturen, in denen der Mensch am Ende nur noch als Störfaktor vorkommt«, kennengelernt hat, weiß, dass Weisheit nur gedeihen kann, wo zuvor innere Freiheit erkämpft wurde und immer neu erkämpft wird. Eine solche Freiheit erwächst aus inneren Revisions- und Umkehrprozessen, aus befreienden »Häutungsprozessen«, aus einer Art Tiefenorientierung, einer Neubegründung des eigenen Lebens. – All das, was Jesus von Nazareth mit dem Wort »Umkehr« meinte.

In seinem Buch *Selbstwert entwickeln – Ohnmacht meistern. Spirituelle Wege zum inneren Raum*[18] beschreibt Anselm

---

17 Daniel Goeudevert, Jahrgang 1942, war der Reihe nach Generaldirektor von Citroën Schweiz, Vorstandsvorsitzender von Citroën Deutschland, Vorstandsvorsitzender von Renault Deutschland, Vorstandsvorsitzender der deutschen Ford-Werke und Mitglied des Konzernvorstands von Volkswagen. – Zitat aus: *Der Horizont hat Flügel. Die Zukunft der Bildung.* Econ, München 2001, Seite 9.

18 Kreuz, Stuttgart 1995, Seite 32ff.

Grün fünf Verhaltensprofile, die Bilder für mangelndes Selbstwertgefühl sind:

- Der Kleine
- Der Gelähmte
- Der Vergleicher
- Der Angsthase
- Der Bucklige
- Der Angepasste
- Der Arrogante

Jeder dieser Typen stellt eine Form von innerer Unfreiheit
dar. Freiheit ist mithin immer Folge von gesund entwickel-
tem Selbstwert. In der christlichen Tradition ist oft der Fehler
gemacht worden, die »Sündhaftigkeit des Menschen« in eine
Pädagogik der Demütigung und des Kleinmachens zu übersetzen. Innere Freiheit kann sich dabei nie entwickeln, sie steht
dann eher unter (theologischem) Verdacht. Denn innere Freiheit kann es nur geben, wo es den Glauben an den eigenen Wert
gibt und geben darf.

D ie Zauberperle kann nur durch
Absichtslosigkeit gefunden werden.
Man muss sich von der Schönheit
überraschen, ja umwandeln lassen.
Keine Denk-Gewalt, keine Anstrengung,
keine Suche führt zu diesem Ziel.

RAIMON PANIKKAR

## 6. KAPITEL

# Quellen der Weisheit

N un stellt sich Weisheit im Leben nicht von selbst ein. Man erwirbt sie nicht, wie man Güter und Besitz erwirbt, einen Doktortitel oder bestimmte Dekorationen. Sondern so, wie einem etwas »zuwächst«. Dabei handelt es sich zwar nicht um einen unverfügbarer »Zufall«, sodass man selbst nur »abwarten und Tee trinken« kann. Aber Weisheit verdankt sich eben auch nicht vornehmlich den eigenen Anstrengungen. Weisheit braucht nicht mehr als unsere suchende, fragende und horchende Offenheit. Solche Offenheit erwächst aus dem inneren Verbundensein mit dem ganzen Leben, mit der Welt, mit den anderen Menschen, mit der eigenen Seele, mit der Quelle allen Seins.

Dass die Weisheit *uns* findet – mehr als dass wir *sie* finden –, geschieht auf den Pfaden von

- Lernen und Leiden,
- Erleben und Verarbeiten,
- Selbstachtsamkeit und Demut,
- Hingabe und Dankbarkeit.

Weisheit wird mit dem Herzen empfangen. Das ist keine sentimentale Aussage, sondern bedeutet, dass Weisheit immer mit der Ganzheit unseres Seins zu tun hat und gleichsam mit allen Sinnen erworben wird; dass sie nicht nur eine Frage des Denkens ist, sondern Verankerung in den Tiefenschichten unserer Person braucht.

Schauen wir uns einige Quellen der Weisheit ein wenig näher an. Wo könnte die »Zauberperle« auf uns warten?

### Integrierte Erfahrung

Man kann als junger Mensch, grundsätzlich gesprochen, nicht schon weise sein, bestenfalls klug und achtsam. Vieles von dem, was wir als Weisheit bezeichnen, ist dadurch gekennzeichnet, dass sie nur »mit der Zeit«, also zusammen mit der Zeit erworben wird, dass sie »er-fahren« wird, worin das Wort Fahrt steckt. Es geht also immer um das Zurücklegen eines Weges, um eine Reise. Weisheit und Lebenszeit, Weisheit und gelebtes Leben gehören zusammen. Allerdings entsteht Weisheit nicht automatisch schon durch das gelebte Leben als solches. Zusammen mit der Lebenszeit kommt also die Weisheit nicht etwa im Doppelpack und frei Haus. Denn es gibt bekanntlich auch alt gewordene Narren und in die Jahre gekommene Einfaltspinsel und Toren. Es gibt Betagte, deren Leben blass und oberflächlich geblieben ist, und es gibt alte Prahlhansel und Angeber, die mit Geschichten glänzen, die keiner sorgfältigen Recherche standhielten. (Angeberei und aufgeplustertes Statusgehabe gehören zu den untrüglichsten Kennzeichen für die Abwesenheit von Weisheit.)

Wenn man also mit den Jahren zwar nicht automatisch weise wird, so ist doch die Erfahrung unserer Lebenstage und -jahre nötig, denn Weisheit ist nie nur Gedanke, Idee, Theorie oder Angelerntes. Wir können sagen:

> *Weisheit ist jene Form von Wissen, das zuvor*
> *durch die »Taufe des Lebens« gegangen ist.*

Allerdings reicht es noch nicht, dieses oder jenes oder eine ganze Menge »erlebt« zu haben. Viele Männer, die als Soldaten den Zweiten Weltkrieg »erlebt« haben, sind später, zum Beispiel im Blick auf die Remilitarisierung der Bundesrepublik oder die sogenannte Nachrüstungsdebatte Ende der 1970er Jahre bei gleichem »Erlebthaben« zu sehr unterschiedlichen Schlüssen und politischen Optionen gekommen. Nicht immer hatte man dabei den Eindruck, dass das Erlebte nachdenklich und klug gemacht hat.

Erlebtes muss also erst zu wirklicher Erfahrung gereift sein und darüber hinaus in einer umsichtigen, diskussionsbereiten und lernenden Weise verarbeitet, integriert und verstanden worden sein. Erlebtes verhält sich zu wirklicher Erfahrung wie die Trauben zum Wein. Erfahrung ist jenes Erlebthaben, das danach gleichsam gekeltert wurde und Zeit zum Gären und Reifen hatte. Erfahrung ist innerlich »verarbeitetes« und »integriertes« Erleben, das durch die Kelter des Verstehens und Verarbeitens gegangen ist und erst so seine richtige Einordnung und Deutung erfahren hat.

Dass man im Leben lediglich »dabei gewesen« ist, sagt noch gar nichts. Welche Folgerungen man gezogen und welche tiefere Sicht, welche Einsicht man erworben hat, darauf kommt es an. Weisheit hat immer damit zu tun, dass man etwas erlebt hat und darüber gleichsam erwacht ist: erwacht aus Naivität und Illusion, aus Idealisierungen oder unguten Vereinfachungen, aus jeder falschen »Gläubigkeit« und »Hörigkeit«, aus dem Gleichschritt der Herde und den Lieblingsmelodien des Zeitgeistes. Dieses »Erwachen« wird in der östlichen Spiritualität als »Bewusstheit« bzw. »Bewusstwerdung« beschrieben und zum Ziel des Lebens überhaupt erklärt.

Bewusstwerdung hängt mit dem Mut, sich zu erinnern, zusammen. Wenn die Zukunft Neues und, wenn möglich, Besseres bereithalten soll, dann muss die Vergangenheit wach gehalten werden. Das ist der bundesdeutschen Bevölkerung selten so eindringlich wie in der berühmten Rede des damaligen

Bundespräsidenten Richard von Weizsäcker zum 50. Jahrestag des Kriegsendes am 8. Mai 1995 im Deutschen Bundestag dargelegt worden.

Bewusstwerdung erfordert darüber hinaus den Mut und die Wahrhaftigkeit, das eigene Verwickeltsein anzuschauen – gleich ob es sich um politische Ereignisse handelt, um familiäre Konflikte oder um die Geschichte des Unternehmens, in dem ich tätig war oder bin. Denn bei dem, was ich erfahren habe, war ich ja dabei, habe ich mitgewirkt, habe ich zumindest so oder so Stellung bezogen – wobei selbst äußerste Passivität eine Aktivität, eine »Haltung« ist. Erfahrung heißt immer: Ich stecke oder steckte selbst mit drin in der Geschichte. Ich habe nicht nur daran teilgenommen, sondern habe einen Anteil daran.

Weisheit als Lebenserfahrung ist gekennzeichnet dadurch, dass zweierlei sich miteinander verbindet und versöhnt: die (selbst)kritische Ehrlichkeit und das »Stehenlassen« und Annehmen dessen, was nun einmal so und nicht anders gelaufen ist.

### Barmherzige Nüchternheit

Sprachen wir soeben von Leben*serfahrung*, so geht es jetzt um die Leben*seinstellung*. Der Weisheit wohnt das Eigentümliche und Geheimnisvolle inne, dass sie hohe Maßstäbe verbindet mit nüchternem Realismus und einer großen Portion Großherzigkeit und Barmherzigkeit. Nach dem ethischen Anspruch muss man sich recken und strecken, Weisheit hingegen ist anspruchsvoll und doch auch bergend, nährend, erholsam und wohltuend. Weisheit fordert nie, ohne zu bereichern. Weisheit operiert nicht mit dem schlechten Gewissen, bemüht aber auch nicht nur das fragwürdige Register namens »Mitleid«. Sie kommt ohne Rigorismus und Weltverbesserungsträume (bzw. -ideologien) aus. Weisheit stellt niemanden in Frage, ohne ihn zugleich zu verstehen (zumindest nach den tieferen, unbewussten Handlungsmotiven zu fragen). Vor allem aber ist Weisheit nüchtern – und kann dadurch einfach »mehr und besser sehen«. Weisheit ist ein bestimmtes Sehvermögen, das dadurch entsteht, dass man sich von den eigenen antrainierten Bewertungsmustern nicht alles diktieren lässt.

Anna Gamma schreibt:

>»Um weise zu werden, bedarf es der Bereitschaft, das Leben in seinen Höhen und Tiefen zu schmecken und von den Erfahrungen – den Erfolgen und Fehlern – zu lernen. So werden jene Menschen weise genannt, die das Leben in all seinen Facetten kennen und darüber hinaus fähig sind, alles, was ihnen begegnet, zunächst einmal ganz vorurteilslos anzunehmen. Sie lassen sich weder von den auf Hochglanz polierten Verheißungen der Werbeindustrie verführen noch schreckt sie Finsternis in Form von Gewalt und Grausamkeit ab, denn sie können das Licht auch noch dort erspähen, wo es nicht mehr erwartet wird. Ihr angstfreies Schauen ist verbunden mit einer mitfühlenden Kraft, die das im Dunkel verborgene Licht entdeckt und langsam zum Leuchten bringt.«[19]

Dazu passt, was der amerikanische Franziskaner, Schriftsteller und Spiritual Richard Rohr einmal in einem Vortrag sagte: Die abendländische Geistesgeschichte war zweieinhalbtausend Jahre lang männlich dominiert, was sich darin zeigte, dass »Mann« dem »Geist« den Vorrang gab vor der »Seele«. Der Geist (lateinisch *spiritus* – männlich) liebe es, in die Höhe zu steigen, um von oben herab Gott und die Welt zu erklären und zu verstehen. Wie aber sähe es aus, wenn die Seele (lateinisch *anima* – weiblich) erkenntnisleitend wäre? Die Seele steigt nicht empor, sondern hinab; sie will Gott und die Welt nicht erklären, sie sucht nicht das in sich stimmige »System«, sondern begibt sich in die unentrinnbaren Widersprüche des

---

19 Anna Gamma, *Ruhig im Sturm. Zen-Weisheiten für Menschen, die Verantwortung tragen.* Kösel, München 2008, Seite 9f.

Lebens, teilt das Leid, hält das Unbegreifliche aus – und vermag die Sprache des menschlichen Herzens zu sprechen.

## Leidenserfahrung

Eine andere Quelle der Weisheit scheint uns eine dunkle zu sein. Freiwillig sucht sie niemand auf. Es handelt sich um die Quelle des Leides. Leid muss nicht, aber kann zu einer einzigartigen Quelle der Weisheit werden. Dabei mag es sich um Krankheit und Abschiedserfahrungen handeln, um Scheitern und Versagen, um Verletzungen oder Kränkungen. Weisheit, die aus diesen Erfahrungen gespeist ist, hat jedes Mal einen hohen Preis, den man kaum freiwillig bezahlen würde. Aber der Gewinn ist oft die tiefste Form von Weisheit, von weiser Lebensorientierung und einem weisen Umgang mit sich selbst und anderen.

Mit dem Leiden als Weisheitsquelle verhält es sich wie mit dem Lebensalter: beides führt nicht automatisch zu tieferem Erkennen und Verstehen. So kann Leiden auch zu Bitterkeit führen und zu innerer Verhärtung, was wiederum zur Folge haben kann, dass man andere verletzt. Vorenthaltene Belohnung kann zu erhöhter Ansprüchlichkeit, Degradierung zu Aggressivität gegenüber Kollegen, Krankheit oder Arbeitsplatzverlust zu Selbstmitleid, Neid und Resignation führen.

Aber die Einladung, die in allem Leiden enthalten ist, lautet anders. Am besten kann man sich das verdeutlichen am Bild eines indianischen Totempfahles. Seine bedeutungsreichen Muster, Linien und Figuren sind nur dadurch entstanden, dass in dieses Holz hineingeschnitten wurde. Das jahre- oder jahrzehntelange Schnitzen an einem solchen Totempfahl ist rein äußerlich gesehen ein »Verletzungsvorgang«. In Wahrheit aber macht er einen bloßen Baumstamm zum Träger von Erinnerungen, Symbolen und wichtigen Botschaften. Leiden (sofern man lernt, es anzunehmen) bedeutet Formgebung, so schmerzhaft dieser Prozess auch ist.

# 6. Quellen der Weisheit

## Humor

*Prior Paulus war – leider oder gottlob –*
*einmalig: Ein Hüne von Gestalt,*
*Bauernsohn aus dem Allgäu, Bürgermeistersohn,*
*ausgestattet mit der unschätzbaren Gabe,*
*niemanden übertrieben ernst zu nehmen*
*und das Leben aus der höheren Warte dessen zu*
  *betrachten,*
*der sich selbst am allerwenigsten ernst nimmt.*

NOTKER WOLF[20]

Man kann sich nicht gut einen weisen Menschen vorstellen, der zum Lachen in den Keller geht. In der Nähe von humorvollen und heiteren Menschen halten wir uns gerne auf, und jeder hat schon einmal erlebt, dass Gedankentiefe, Bescheidenheit, Echtheit und Heiterkeit sich in einem Menschen zu einer besonderen Ausstrahlung verbunden haben.

Manche haben konkrete Bilder und Gesichter vor sich, in deren Falten sich nicht nur die Spuren des Lebens eingegraben haben, sondern auch das Lächeln. Vielleicht das Gesicht von Mutter Teresa, Frère Roger aus Taizé oder dem großen Schweizer Theologen Karl Barth, der einmal gesagt hat: »Das Wichtigste an der Theologie ist, dass einem darüber die Pfeife nicht ausgeht!« Manche haben im Fernsehen ein Portrait über einen uralten, hageren Mönch in einem buddhistischen Kloster im Himalaya gesehen, der mit wenigen Worten das Entscheidende zu sagen wusste; das übrige sagten seine heiteren, blitzenden Augen. Oder jemand hat sich schwierigen religiösen oder psychologischen Themen erst öffnen können, als er dazu den Vortrag eines waschechten Rheinländers hörte. Und manche erinnern sich beinahe wehmütig: Welche Hoch-Zeiten

---

20  Abtprimas Notker Wolf, Schwester Enrica Rosanna, *Die Kunst, Menschen zu führen*, Seite 8.

des deutschen Kabaretts, als Hanns Dieter Hüsch noch auf der Bühne saß (nicht stand)! Vielleicht war es auch nur die freundliche Güte der eigenen Groß- oder Urgroßmutter, in deren Gegenwart einem die Welt und das Leben irgendwie schmerzfreier, unkomplizierter und leichter lebbar erschien.

Wir ahnen es: Das humorvolle Kleid, in dem die Weisheit daher kommt, ist zu einem guten Teil aus dem Faden gewebt, über sich selbst lachen zu können. Der Weise hat Humor und kann lächeln, weil er die Welt weder retten noch missionieren muss.

Der große, weise Seelsorger Christoph Blumhardt schrieb vor hundert Jahren an seinen Schwiegersohn, der als Missionar in China lebte: Man muss »aus dem schrecklichen europäischen Kirchen- und Missionszwang herauskommen. Unser Geschäft ist nicht taufen und Kirchen bilden, sondern lehren und lieben.«

Auch Religion braucht den Humor, um bekömmlich zu sein. Der Himmel ist jedenfalls nicht »jener unendlich einsame Ort, wo die unendlich einsame protestantische Seele in unendlicher Einsamkeit mit ihrem unendlich einsamen Gott ringt« (Hans Conrad Zander). In der Welt der Weltverbesserer findet sich nicht selten eine wirklichkeitsfremde Überspanntheit, die das gute Anliegen um Würde und Wirkung bringt.

Inzwischen gibt es Studien über die heilende Bedeutung des Humors in Seelsorge und Psychotherapie. Denn Humor ist, wenn man trotzdem lacht. Gütiges Lächeln oder ein in Heiterkeit gehüllter Rat vermögen bisweilen böse Geister auszutreiben. Der Teufel mag es, wenn gewiehert wird statt gelacht, er mag das Lachen auf Kosten anderer. Gottes Geist aber erweckt in uns das Lächeln der Nachsicht und der Barmherzigkeit und jenen Witz, mit dem wir nicht andere, sondern uns selbst durch den Kakao ziehen.

Und vielleicht wird Weisheit vor allem wegen der allgemeinen Humorlosigkeit so selten mit Behörden und Beamten in Verbindung gebracht. So bat ein Steuerzahler den Finanzbeamten inständig: »So nehmen sie doch Vernunft an!« »Tut mir leid«, entgegnete der kühl, »Beamte dürfen nichts annehmen.« – Besonders wichtig aber wäre der Humor unter den Religionsdienern, damit es nicht zugeht wie bei jenem Pfarrer, der auf die Gemeinde herunter wetterte: »Ihr seid alle verstockte Sünder. Ihr hört nicht auf meine Worte, denn ihr gebt bei der Kollekte so gut wie nichts. Ihr liebt einander nicht, denn in dieser Gemeinde heiratet niemand. Und Gott selbst will von euch auch nichts wissen, denn hier stirbt ja auch keiner.«

**Überlieferte Weisheit**

Weisheit braucht nicht nur die eigene Lebenserfahrung, sie ernährt sich nicht nur vom eigenen Brot. Sie ist immer verbunden und bezogen auf jenes Verstehen, Begreifen, Deuten und Erkennen, das vor meiner Zeit entstand. Wer weise wird, erkennt immer deutlicher, wie sehr er auf den Schultern derer steht, die vor ihm waren.

Die großen Weisheitstraditionen des Ostens wie des Westens kennen zahlreiche Geschichten von Männern und Frauen, die nur dadurch eines Tages selbst zu Weisen wurden, dass sie jahre- und jahrzehntelang einen oder mehrere Meister aufsuchten und bei ihnen in die Lehre gingen; dass sie also die längste Zeit ihres Lebens nichts anderes waren und sein wollten als Schüler. Es ging um Initiation – eine uns heute gänzlich fremde und unbekannte Eintrittspforte in den Bereich des »Lebenswissens«. Die Lehrer oder Meister aber, bei denen sie lernten und übten, waren Hüter und Hüterinnen von Überlieferungen, die wiederum viel älter waren als sie selbst.

Seit der Aufklärung ist unsere westliche Kultur eher darauf aus, über vergangene Generationen Gericht zu halten und den Vätern und Müttern ihre Sünden oder Versäumnisse vorzuhalten. Raimon Panikkar nennt diese Haltung »Katachronismus«. Im Gegensatz zu Anachronismus (damit ist das gemeint, wozu oft die Generation der Großeltern neigt: »Sie beurteilen die moderne Welt nach ihren alten Vorstellungen«) ist Katachronismus »genau der umgekehrte Fall eines Irrtums der Perspektive, der dann vorliegt, wenn wir heutige Begriffe und Maßstäbe anlegen, um die Vergangenheit zu beurteilen« – was eigentlich eine typische Attitüde von Halbwüchsigen ist.[21]

Kaum etwas kennzeichnet unsere Gegenwart, unsere westliche postmoderne Kultur so sehr wie das Fehlen, das Übersehen, Übergehen und Geringschätzen von Überlieferungswissen. Wir kennen die Lieder nicht mehr, die unsere Großeltern gesungen haben. Wir kennen weder ihre Geschichten (aus denen Geschichte wird!) noch ihre Gedichte, weder ihre Tänze noch ihre Poesie, weder ihre Glaubensschätze noch ihre sinnstiftenden Rituale, weder ihre Tabus noch ihre Abenteuer. Das Erzählen ist dem Klatsch von Illustrierten gewichen, die »heiligen Legenden« der Trivialität von Talkshows, das aufmerksame Erinnern dem Daten-Feuerwerk von Power-Point-Präsentationen.

Wo sind in den Organisationen, Betrieben und Unternehmen, in den Werkshallen und Lehrsälen diejenigen, die »die Geschichte noch kennen«, die Geschichte der Gründer, die Geschichte der Wandlungen und Krisen und Neuanfänge – all das, was den »Mythos« eines Unternehmens ausmacht? *Who will tell the story?*

Wir stellen Mitarbeiter und Mitarbeiterinnen ein, aber wir »weihen« sie nicht mehr ein. Wie soll man auch noch jemanden einweihen in die »Überlieferung«, wenn das Unternehmen schon zum dritten Mal verkauft und fusioniert wurde?

Vor allem aber: Was soll Überlieferung für einen Sinn machen, wenn es nur noch um die neueste Technik und Technologie geht, die alles Vorangegangene so obsolet und lächerlich

---

21 Raimon Panikkar, *Den Mönch in sich entdecken.* Kösel, München 1989, Seite 39.

erscheinen lässt wie eine Schreibmaschine im Computerzeitalter?

Ganz anders sieht es im Blick auf die nicht-technischen Bereiche des Lebens aus, sobald es um die Integration von seelischen, geistigen, ökologischen und sozialen Lebensprozessen geht – vor allem aber: im Blick auf das Wissen um den Menschen als solchen. In all diesen Bereichen gilt:

> »Ohne die Bindung an Überlieferungen gibt es keine innere Bindung – und keine innere Bildung. Wurzellos agiert man im Jetzt, respektlos gegenüber dem Gewordensein, stolz, die Taue gekappt zu haben ...«[22]

Überlieferte Weisheit bleibt dennoch in jeder Kultur gegenwärtig – und sei es wie ein unterirdisch fließender Strom. Sie tritt immer neu zu Tage und bahnt sich neue Pfade, durch Filmproduktionen kann dies geschehen, in der Begegnung zwischen den Generationen, durch Literatur und Geschichtsschreibung sowie durch künstlerisches Schaffen. Vor allem aber durch Erzählen.

»Welchen Geschichten erlaubst du, dein Leben zu regieren?«, diese Frage aus der systemischen Therapie könnte uns in eine ganz neue Verortung unseres Wahrnehmens, Denkens und Handelns versetzen.[23]

## »Erlesene« Weisheit

Überlieferte Weisheit kommt auch in Schriftform zu uns. Kein Wunder, dass die Klöster bis heute die bedeutendsten

---

22  Robert Bly, *Die kindliche Gesellschaft,* Seite 74f.

23  Vgl. M. White, »Der Vorgang der Befragung: eine literarisch wertvolle Therapie?« In: *Familientherapie* 14(2), Seite 114–128; Arist von Schlippe, Jochen Schweitzer, *Lehrbuch der systemischen Therapie und Beratung.* Vandenhoeck & Ruprecht, Göttingen 2007[10], Seite 137ff.

Bibliotheken haben. Kraft der Schrift, des Buchdrucks und heutzutage der universalen digitalen Zugänglichkeit von verschriftlichtem Gedankengut werden Jahrhunderte und Jahrtausende überbrückt. Wir werden gleichzeitig mit dem, was vorzeiten war. Wir lernen, ohne dass wir dabei waren.

Jemand schreibt über Zen-Weisheiten für Führungskräfte, und auf einmal sitzt man einem Einsiedler im Japan des neunten Jahrhunderts zu Füßen. Man liest die Gleichnisse, die Jesus von Nazareth erzählt hat – und der Zeitabstand löst sich in nichts auf. Man wird zum Anteilseigner am menschheitlichen Wissens- und Weisheitsschatz, an diesem größten und unermesslichen Weltkulturerbe.

Nun geht es gar nicht darum, dass man eine Leseratte sein muss oder ein Studierzimmer-Gelehrter, um auch die Texte der Weisheit aufzunehmen und sich davon prägen zu lassen. Wie so oft, kann mit wenig schon viel gegeben sein. So sammle ich schon seit langem gerne kurze Zitate, Sinnsprüche, einprägsame Aussagen wie *nuggets* aus Gold, wie Miniaturen aus dem großen Schatz geschichtlicher Überlieferung, menschlichen Suchens und Fragens, überkommener Lehre und Einsicht. Viele solcher »Spruchweisheiten« weiß ich auswendig, und sie sind mir in Fleisch und Blut übergegangen, so dass ich vermutlich häufiger, als mir bewusst ist, in meinem Denken und Handeln durch sie geleitet werde.

Martin Luther hat einmal gesagt, es käme nicht darauf an, viel zu lesen, sondern wenige, aber gute Bücher – und die möglichst mehrmals und immer wieder. Das leuchtet unmittelbar ein, aber es läuft unserer Kultur, zum Beispiel den massenhaften Produktionen auf dem Büchermarkt und allem, was nach Aufmerksamkeit heischt, stracks zuwider. Wir haben im Blick auf das, was wir lesen oder als »Neuerscheinung« mitbekommen, dieselbe Angst wie auch sonst: dass wir etwas Wesentliches verpassen. Dass wir nicht auf dem Laufenden sind und nicht mitreden können. Am Ende können die meisten meistens mitreden, haben aber nichts zu sagen. Und wir stellen fest:

Nichts bildet uns weniger, als wenn wir bestrebt sind, über alles im Bilde zu sein.

Zur Weisheit gehört das Lesen, sagen wir. »Erlesene« Weisheit (im Sinne von »ausgesucht wertvoll«) will auch erlesen sein. Und je mehr das, was ich lese, wiederholt, wiedergeholt wird, desto mehr wächst mir ein erlesener Schatz zu, der mich reich und verständig macht.

Das Lesen war in der Geschichte des abendländischen Mönchtums eine von drei existenziell notwendigen Grundübungen einer spirituellen Existenz: Gebet – (geistliche) Lektüre – Schweigen, in diesem Dreiklang besteht der Rhythmus einer solchen tief reichenden Spiritualität. Dass sie nicht nur in einem klösterlichen Leben verwirklicht werden kann, sondern gerade für das Leben im Alltag unserer modernen Welt hoch aktuell ist, ist beispielhaft deutlich geworden an Dag Hammarskjöld, dem Generalsekretär der Vereinten Nationen, der zu den herausragenden Gestalten des 20. Jahrhunderts gehört.[24] Erst nach seinem Tod, durch die Veröffentlichung seiner Tagebücher, stellte sich heraus, wie sehr seine internationale politische Autorität und seine hohe diplomatische Weitsicht und Weisheit erwachsen waren aus einer tief mystischen Daseinshaltung. Gebet (*oratio*), Studium (*lectio*) und Schweigen (*meditatio*) waren auch für Hammarskjöld der Weg, zu Quellen der Orientierung zu gelangen, um den politischen und gesellschaftlichen Herausforderungen begegnen zu können.

Einmal schrieb er:

*Im Zentrum unseres Wesens ruhend,*
*begegnen wir einer Welt,*
*in der alles auf gleiche Art*

---

24 Geboren 1905 in Jönköping/Schweden, ab 1953 UNO-Generalsekretär, während einer Friedensmission im Kongo 1961 bei einem Flugzeugabsturz tödlich verunglückt.

*in sich ruht.*
*Dadurch wird der Baum zu einem Mysterium,*
*die Wolke zu einer Offenbarung*
*und der Mensch zu einem Kosmos,*
*dessen Reichtum wir nur*
*in Bruchteilen erfassen.*[25]

Viele behaupten von sich, keine Zeit zum Lesen zu haben. Sie schneiden sich von Wurzeln ab, die uns in der Tiefe verankern. Auf diese Einsichten zu verzichten, bezahlen wir teuer.

### Living documents

Als *living documents* bezeichnete der amerikanische Psychologe und Psychotherapeut Carl Rogers (1902–1987) die Lebensgeschichten von Menschen, ja, die menschliche Person als solche. Rogers war einer der Pioniere der Gesprächstherapie und gründete das *Center for the Studies of the Person.* Neben den Heiligen Schriften der Menschheit wie etwa der Bibel war für ihn das Studium des Menschen, der hier und jetzt sein Gesprächspartner, sein Gegenüber war, eine entscheidende Quelle der Orientierung und der Weisheit. Wer Weisheit sucht, muss lernen, »Menschen zu lesen«, präsent zu sein, ganz Auge, ganz Ohr und ganz Herz.

Meine Frau und ich sammeln Lebensgeschichten und Biografien und lieben es, darin zu schmökern. Auf diese Weise werden wir zu Zeitgenossen, »Mitmenschen« und stillen Weggefährten von Menschen, die wir nie haben persönlich kennen lernen können. Vielleicht lebten sie sogar Jahrhunderte vor unserer Zeit oder auf der anderen Seite der Erde. Solche *living documents* lassen uns das Charisma und die Abgründe, das

---

25  Dag Hammarskjöld, *Zeichen am Weg. Das spirituelle Tagebuch des UN-Generalsekretärs.* Knaur, München 1965/2005, Eintrag vom 4.8.1959.

Begnadete und das Ambivalente wahrnehmen, das zu jedem Leben gehört. Lebensgeschichten sind immer auch ein Spiegel, in dem man sich selbst anschaut und dem eigenen Hochmut und der eigenen Schwermut begegnet, dem eigenen Eifer und dem eigenen Gefährdetsein, den eigenen Möglichkeiten und der eigenen Normalität und Bedeutungslosigkeit, dem eigenen Beschenktsein und der eigenen Tragik.

Nicht selten handelt es sich um Geschichten der Resilienz, des »Gedeihens« und »Überlebens« trotz widriger Umstände.

Vielleicht wichtiger noch als geschriebene Biografien ist aber eine persönlich gepflegte Kultur des Erzählens und Zuhörens – etwas, das in unserer Gesellschaft zunehmend schwindet, trotz all der Talkshows, die im Fernsehen laufen. Eine solche Erzählkultur brauchen wir zwischen den Generationen – und zwar zum Segen der erzählenden (Groß-)Eltern wie zum Segen der zuhörenden (Enkel-)Kinder. Und wir brauchen sie über die sozialen Grenzen, die Grenzen von Gruppen und Kulturen hinweg, die heute die bunte und schwierige Vielfalt unserer Gesellschaft ausmachen. Wenn ich von einer persönlich gepflegten Kultur des Erzählens und Zuhörens spreche, dann meine ich damit: Es steht dem nichts im Wege, das eigene Leben zu öffnen und zum Erzählraum ebenso wie zum Hör- und Echoraum werden zu lassen.

## Meditation

Über das Gesagte hinaus ist als eine weitere Quelle von Weisheit etwas zu nennen, das erst allmählich »gesellschaftsfähig« geworden ist und mit erheblicher Verzögerung auch im wirtschaftlichen und politischen Leben ernst genommen wird. Bisweilen muss es erst noch aus der vermeintlichen »Esoterik-« oder »Psycho-Ecke« befreit werden: die Bedeutung von Meditation, die Praxis des Meditierens in den verschiedensten Formen.

Dabei handelt es sich um eine Weise der Konzentration und inneren Sammlung: »Ich sammle mich«; »ich sammle mich ein.« Dafür braucht es zunächst einmal eine passende und praktikable Form, ferner eine reservierte Zeit, Beständigkeit und möglichst Regelmäßigkeit. Und es braucht eine bestimmte Ausrichtung, sei es etwa als Zen-Meditation, in der es vor allem um das Leerwerden geht, oder als christliche Meditation, die einen bestimmten Inhalt betrachtet, zum Beispiel ein Bibelwort »anschaut«. Außerdem ist Meditation immer auch ein körperliches Geschehen, da eine bestimmte Weise des Gehens, der Körper- bzw. Sitzhaltung sowie die Weise des Atmens wichtig sind. Hier ist nicht der Ort, verschiedene Meditationsformen inhaltlich zu beschreiben. Heute ist es kein Problem, Angebote zum Lernen und Üben, auch in Gemeinschaft mit anderen, zu finden.[26]

An dieser Stelle ist es nur wichtig, herauszufinden, was Meditation zu einer Quelle von Weisheit macht oder machen kann. Es ist vor allem der Aspekt des »Heraustretens«: aus allen Gewohnheiten, inneren und äußeren »Mühlen« und jeder leeren und geistlosen Routine. Meditieren ist eine Art von Gegenkultur und Gegenbewegung gegen fast jeden gesellschaftlichen *Mainstream*. Und was beim Meditieren noch geschieht: ich werde wachsamer gegenüber meinen inneren »Sklaventreibern«.

Männer halten so etwas in der Mehrzahl immer noch für Gefühlsduselei und Zeitverschwendung. Allerdings werden sie sich in Zukunft damit auseinandersetzen müssen, dass die moderne Hirnforschung nachweisen kann, dass und warum beim Meditieren etwas für den Menschen sehr Nützliches und Wichtiges geschieht. Dass sich durch regelmäßiges Meditieren sogar die Immunabwehr verbessern lässt, ist vielleicht gar nicht das Wichtigste; sondern es bilden sich neue neuronale Muster

---

26  Empfehlenswert sind die sehr schlicht geschriebenen und praxisorientierten Schriften des vietnamesischen Zen-Meisters Thich Nhat Hanh, die im Buchhandel erhältlich sind.

heraus, die unser emotionales und kognitives Erleben und Bewerten verändern und uns befähigen, psychische Unstimmigkeiten und Spannungen aufzulösen. Vor allem aber geraten unsere antrainierten Bewertungsmuster in Bewegung. Verdrängtes darf sich zeigen – und gerade dadurch kann ich der Wirklichkeit anders begegnen.

»Meditation und Weisheit sind seit Jahrtausenden eng miteinander verbunden.« Meditation gilt bisweilen sogar »als der Königsweg zur Weisheit«.[27]

---

27 Gert Scobel, *Weisheit. Über das, was uns fehlt*. DuMont, Köln 2008, Seite 217.

M an muss den Dingen die eigene, stille,
ungestörte Entwicklung lassen,
die tief von innen kommt
und durch nichts gedrängt
oder beschleunigt werden kann;
alles ist Austragen – und dann Gebären.

RAINER MARIA RILKE

## 7. KAPITEL

# Östliche Weisheit

### Fragen und Bedenken

In den letzten Jahrzehnten ist das Interesse für östliche Spiritualität und Weisheit in den westlichen Gesellschaften enorm gestiegen. Die kulturelle und religiöse Entwurzelung vieler Menschen in unserem Kulturkreis führt dazu, dass man nach so etwas wie einem hilfreichen Kompass sucht.

Östliche Lehrer warnen nun allerdings davor, wenn Menschen aus der westlichen Hemisphäre meinen, die großen Traditionen des Ostens »einfach so« verstehen und kurzerhand übernehmen zu können – oder wenn solche Transfers oberflächlich, allzu selektiv und vielleicht sogar aus wirtschaftlichem Interesse angeboten werden, etwa weil ein »Markt« dafür da ist.

Zunächst ist an die völlig unübersehbare Vielfalt und Unterschiedlichkeit verschiedener Traditionen, Schriften und spiritueller Wege zu erinnern, die Auswahl, Gewichtung und Interpretation ausgesprochen schwierig machen. Ferner muss man bedenken, dass religiöse Überlieferungen und die Gesellschaftsformen, Kulturen und Denkweisen einander viel mehr bedingen, als wir postmodernen Individualisten es uns vorstellen können. – Vor allem werden Stimmen religiöser Lehrer des Ostens laut, die darüber bestürzt sind, dass viele aus dem Westen kommen und nach Wahrheit, Weisheit und Lebensorientierung im Buddhismus, Hinduismus usw. suchen, aber ihre eigene christliche Herkunft nicht einmal mehr rudimentär kennen, sie missachten oder gar verachten. Darum sollte die Offenheit für die Schätze des Ostens nicht dazu führen, das Christentum auf den Kehrichthaufen der Geschichte zu werfen. Andernfalls steht zu befürchten, dass wir in der interkulturellen Begegnung als Gegenüber kaum ernst genommen werden. Auch der Reichtum, der unter unseren eigenen Füßen verborgen liegt, will immer neu gehoben werden. Globales interreligiöses Lernen und die Suche nach gegenseitiger Bereicherung machen es erforderlich, dass man gleichsam jene pubertäre Phase überwunden hat, die sich bekanntlich dadurch auszeichnet, dass die eigenen Eltern als die schlechtesten gelten, die man erwischen konnte.

## Zeichen eines globalen Erwachens

Eine neue, nachchristliche Profilierung des christlichen Glaubens sollte jedoch nicht mehr – wie es in der Vergangenheit oft der Fall war – apologetisch-ausgrenzend und engstirnig-abweisend sein und den altbekannten Mustern der Selbstvergewisserung durch Exklusivität folgen. Viele Menschen wünschen sich, dass die global gewordene Welt auch spirituell bewohnbar ist und aus Unterschieden keine Grenzzäune angefertigt werden, sondern es zu einer Nachbarschaft des Lernens und der Wertschätzung kommt.

Die Aufmerksamkeit »in Richtung Osten« hat in den vergangenen Jahren auch in Wirtschaftskreisen, unter Managern und Führungskräften zugenommen. Es hat den Anschein, dass der Auslöser dafür gar nicht so sehr in der unmittelbaren Begegnung (zum Beispiel mit dem Buddhismus) liegt, etwa durch eine Produktionsniederlassung in China oder Japan. Es ist eher eine Art inneres Erwachen, ausgelöst durch selbstkritische Fragen:

Können wir die Zukunft sichern durch ein rein analytisches Denken, das die Welt in Teile zerlegt und in Zahlen zu erfassen versucht? Kann man dem gemeinsamen Leben auf dieser Erde dienen, wenn man dabei ist, sich selbst zu verlieren? Ist der Mensch dazu berufen, das Zusammenleben mit anderen vor allem wie einen Konkurrenzkampf auszutragen? Gibt es im Universum eine Mitte oder ein Ziel? Gibt es jenseits des Dualismus eine letzte Einheit? Gibt es über die biologische Evolution hinaus auch so etwas wie eine Evolution des Bewusstseins, von dem vielleicht das Überleben der Spezies Mensch abhängt? Ist der abendländische »Glaube an den Verstand« nicht ein besonders folgenschwerer Mythos? Was aber liegt jenseits unserer Verstandesgrenzen und Machbarkeitsideologien? Wie kommen wir von der analytischen Zergliederung zu einer Einheit auf höherer Ebene und von dort vielleicht zum Frieden (in uns selbst, mit uns selbst und mit unseren globalen Mitbewohnern)? Oder einfach: Wie gelangen wir zu einer »geräumigeren Sicht des Lebens«?[28]

Wer sich mit solchen oder ähnlichen Fragen auf den Weg macht, möchte Verantwortung wahrnehmen – für sich selbst und seine vielfältige Umwelt. Verantwortlich wird er Glaubens- und Weisheitsschätze in der eigenen Tradition, im Herzen des Christentums und der Kirchen anfachen, wie man in eine glimmende Glut bläst, um sie zum Leben zu erwecken. Und er wird zugleich hellhörig, lauschend, nachdenklich tastend, neugierig fragend aufnehmen wollen, was aus ganz anderen Quellen, Kulturräumen und Traditionen heute zugänglich geworden ist. Für ihn erscheint zunehmend plausibel, was David Pond so formuliert: »Niemand muss seine eigenen Überzeugungen ablegen, wenn er andere Lehren erkunden möchte. Niemand muss eine Religion oder Lehre in toto annehmen, um von einigen ihrer

---

28 David Pond, *Östliche Weisheit für westliche Menschen. Buddhismus, Hinduismus, Taoismus, Tantra.* Heyne, München 2006, Seite 15.

Goldkörner zu profitieren, die sich in die eigene Praxis integrieren lassen.«[29] Und wenn er sich genug ins Bild hat setzen lassen, dann kann er auch damit umgehen, dass es neben vielen Übereinstimmungen auch Unvereinbares gibt – und spirituelle Orientierung auch Entscheidungen nötig macht.

### Das rationale Denken erweitern

Östliche Weisheit folgt nicht den Grundsätzen unserer westlichen analytischen, rationalen Logik. Mit Verstand, Rationalität und Bewusstsein allein befinden wir uns in sehr engen Grenzen, wie die moderne Hirnforschung wohl ein für alle Mal bewiesen hat. Diese Grenzen zu sprengen, über sie hinauszuführen, ist ein wesentliches Thema östlicher Spiritualität und Weltsicht.

Dazu dient im Zen-Buddhismus unter anderem eine Methode, bei der spirituelle Meister ihre Schüler mit *Kōan*-Worten konfrontieren.

Ein Kōan ist eine Art Rätselwort, das zu meditieren ist. Diese Kōan sind häufig kurze Sprüche oder auch kleine Anekdoten aus dem Leben spiritueller Meister. Das Besondere an ihnen ist, dass sie auf den ersten Blick überhaupt keinen Sinn ergeben. Sie scheinen in die Ausweglosigkeit zu führen, jedenfalls dann, wenn man versucht, sie rational und logisch zu begreifen. Wer so an sie herangeht, dem bleibt ein solches Kōan wie eine Gräte im Hals stecken! Er gerät in die Sackgasse oder verstrickt sich in ganz unfruchtbare Überlegungen.

Und genau das ist der Sinn: darüber stolpern, darauf herumkauen – und dabei lernen, wie wenig wir mit unserem rational-analytischen Denken ausrichten können! Die Lösung eines solchen Rätselspruchs ergibt sich vielmehr erst auf dem Weg langer Meditation, auf einer ganz anderen, viel tieferen Ebene.

---

29    David Pond, Seite 10.

Hier einige der bekanntesten Kōan:

- Ein Mönch fragte Tozan: »Was ist Buddha?« Tozan antwortete: »Masagin« (drei Pfund Flachs).
- Meister Shogen sagte: »Warum hebt ein Mann von großer Kraft sein Bein nicht hoch?« Er sagte auch: »Man redet, ohne die Zunge zu bewegen.«
- Ein Mönch fragte Unmon in allem Ernst: »Was ist Buddha?« Unmon sagte: »Kanshiketsu!« (ein vertrockneter Kot-Spatel).
- Goso sagte: »Am Beispiel erläutert, ist es so, als ob eine große Kuh durch ein vergittertes Fenster ginge. Hörner, Kopf und die vier Beine sind schon durch. Warum kann ihr Schwanz nicht auch noch durchkommen?«
- Höre das Klatschen der einen Hand.
- Was würdest du tun, wenn du nichts mehr tun könntest?
- Alles Gute ergibt sich aus Gnade, die Gnade ergibt sich aus der Kunst, die Kunst ergibt sich nie ohne Mühe. Alles Gute ergibt sich aus Gnade.

Man könnte an dieser Stelle bereits innehalten, um eine Brücke zu unserer Alltagserfahrung zu schlagen: Eigentlich ist das, was wir Tag für Tag erleben, eine Flut von »Kōan«-Erfahrungen – manche sprechen vom »ganz normalen Wahnsinn«.

Menschliches Verhalten, das wissen wir aus der Tiefenpsychologie und der Neuropsychologie, verfolgt immer einen Sinn, eine (meist unbewusste) Absicht. Es steckt hinter dem verrücktesten Gedanken, der völlig »unsinnigen« Entscheidung oder dem skurrilen Verhalten eines Menschen eine »Logik« eigener Art, die mit diesem Menschen, mit seinen unbewussten Motiven, Verdrängungen, Bedürfnissen oder Wünschen zu tun hat. Das ist auch dann der Fall, wenn die Art und Weise, ein bestimmtes Ziel zu erreichen, nicht besonders angemessen, hilfreich oder sozialverträglich ist. Um dieses Verhalten, das uns vielleicht äußerst befremdlich erscheint, zu »enträtseln«, müssen wir zunächst lernen, das Verhalten eines Menschen auf einer tieferen Ebene wahrzunehmen. Das hat – zur allseitigen Beruhigung sei's gesagt – nichts mit Zustimmung zu tun; denn mit dem Bemühen um ein tieferes Verstehen ist keineswegs jeder Unsinn gerechtfertigt. Aber wir lernen, uns auf den irrationalen menschlichen Pfaden zu bewegen und damit umzugehen, dass unsere Wirklichkeit oft so paradox ist – und das menschliche Verhalten erst recht.

**Verbindung aufnehmen**

Ohne die ökologische Bedrohung wäre nicht weltweit die Erkenntnis herangereift, dass wir als Menschheitsfamilie in einem Boot sitzen. Evolutionsgeschichtlich gesehen sind wir ja Parasiten unseres Ökosystems »Planet Erde«, das gut daran tun, seinen Wirt gut zu behandeln. Allmählich verbindet die Menschen in allen Erdteilen eine Art Problembewusstsein, zumindest eine erste Ahnung. Das heißt noch nicht viel, wie wir bei jedem neuen Klimagipfel zur Kenntnis nehmen müssen.

Aber es ist etwas in Bewegung gekommen, das alte Denkmuster, durchaus auch deren philosophische Schirmherrschaften, in Frage stellt. Und es hat den Anschein, dass in östlicher Spiritualität ein Wissen verankert ist, das von einer ursprünglichen Einheit her und auf eine solche hin denkt. Man hat zwar derzeit noch nicht den Eindruck, als ob die wirtschaftliche Entwicklung in China oder Indien – die uns befürchten lässt, in dreifacher Geschwindigkeit alle Fehler des Frühkapitalismus unbedingt erst noch einmal selbst machen zu wollen – ihre eigenen kulturellen Weisheitsschätze zu schätzen weiß. Aber das stellt ja jene Weisheiten nicht in Frage, im Gegenteil.

Umso dringlicher und plausibler ist jene weltweite Bewegung des Erwachens, in der man danach fragt, was ein ganzheitlicher Denkansatz für den Einzelnen wie für die Gesellschaft, für die Wirtschaft wie für die Philosophie ausmacht und worin seine Bedeutung liegt.

»In Verbindung sein«, »Verbindung aufnehmen« – das ist dann nicht nur sinnvoll, sondern zutiefst wirklichkeitsgemäß, wenn auf der tiefsten Ebene des Seins nicht die Gespaltenheit, die Zweiheit, der Dual gilt, sondern die Einheit.

Das lässt sich mit den Denkwegen jüdisch-christlicher Theologie ebenfalls und ohne Weiteres begründen. Aber dies ist längst nicht immer und vor allem nicht breitenwirksam geschehen; es wurde nicht kulturwirksam. Viele lassen sich daher eher auf dem Weg über östliche Spiritualität darüber ins Bild setzen, was es heißt, das Leben und seine Vielfalt von einer gemeinsamen Mitte her zu begreifen, von einem Ur-Einssein.

Und es gibt mahnende Stimmen, die sagen: Wenn wir das nicht auch im Blick auf das *Powerplay* eines Wirtschaftens »auf Teufel komm raus« beziehen, dann wird das Leben auf diesem Planeten ultimativ in Frage gestellt sein.

### Leiden und Vergänglichkeit bewusst annehmen

Viele Wege und Übungen östlicher Spiritualität haben zum Ziel, das Leiden dieser Welt und die Welt als Leiden wahrzunehmen, ihm aber eine andere Grundhaltung entgegenzusetzen. Nur wer die Tatsache, dass Leben immer Leiden ist, bewusst anschaut, sich ihr aussetzt, entkommt seinen Täuschungen und Illusionen. Zum Leiden gehört auch das Sterben-müssen. Schon im Alten Testament betet jemand: »Unsere Tage zu zählen, lehre uns, damit wir ein weises Herz gewinnen« (Psalm 90,12).

Es gibt in den östlichen Traditionen Wege, dem Leiden zu entkommen, die uns problematisch erscheinen müssen. Nämlich dann, wenn die erfahrbare Wirklichkeit als Illusion gedeutet wird und wenn es vor allem darum geht, dem (eigenen und fremden) Leiden gegenüber unempfindlich zu werden.

Bei Lama Surya Das kann man lesen:

»Du hast deinen eigenen Heim-Buddha gefunden. Wie geht es ihm? Er fühlt sich absolut wohl und in Frieden, er ist in jeder Situation und unter allen Umständen gelöst und gelassen, er empfindet eine innere Freiheit, die von äußeren Umständen, aber auch vom Gefühlsleben unabhängig ist.«[30]

Man spürt die Faszination, die von solchen Worten ausgeht. Aber man ahnt auch eine Gefahr. Eine so weitreichende Indifferenzierung allem Äußeren gegenüber löst das Individuum aus der Gemeinschaft und könnte Solidarität und Verantwortung sinnlos erscheinen lassen.

Allerdings gibt es im Zen-Buddhismus auch Linien, die gerade *nicht* anstreben, das Leid nur als Illusion zu betrachten und ihm durch Unempfindlichkeit zu entkommen, wodurch Meditation dann nur zu einem »Ausweg nach innen« wird. Sondern hier weiß man, dass die Gemeinschaft des Leidens uns aufgegeben ist, unser Mitfühlen erfordert, unsere Solidarität. Daher soll im Meditieren bewusst auf das Leiden aller Mitgeschöpfe hin meditiert werden. Zum Beispiel in konzentrischen Kreisen:

Ich nehme teil am Leiden ...

- in meiner Familie,
- in meiner Firma,
- dann in meinem weiteren Lebensumfeld, in der Gesellschaft, in anderen Ländern usw.
- bis hin zum »Leiden der ganzen Kreatur« (wie Paulus es einmal sagt).

Was würde es bedeuten, den Weg solcher Empathie bewusst zu erlernen und zu praktizieren? Was würde es bedeuten, wenn Männer und Frauen, die in Vorständen und Aufsichtsräten sitzen, sich in achtsamer Wahrnehmung aller Mitarbeitenden

---

30 Lama Surya Das, *Der achtfache Pfad. Lehrbuch zur Erleuchtung.* Krüger, Frankfurt am Main 1999.

bewusst werden, im Blick auf deren Ängste, Arbeitsbedingungen, Anforderungen ...?

Würde man dann aufhören, ein Unternehmen nach dem Motto zu führen: Mitleid kann man sich nicht leisten; ohne Härte geht es nicht; wir sind kein Wohltätigkeitsunternehmen?

Aber es geht nicht um Mitleid; es geht um Einfühlung. Weil es um Menschen geht. Und weil wir alle gleich sind: Leidende, Sterbliche.

# TEIL II

## *Dem Pfad folgen*

U nd eine Frau, die einen Säugling
  an ihre Brust drückte, sagte:
Sprich zu uns von den Kindern.
Und Al-Mustafa, der Auserwählte und
    Geliebte,
der seiner Zeit ein Morgenrot war, sagte:
Eure Kinder sind nicht eure Kinder.
Sie sind die Söhne und die Töchter der
    Sehnsucht
des Lebens nach sich selbst.
Ihr dürft danach streben, ihnen ähnlich zu
    werden,
doch versucht nicht, sie euch ähnlich zu
    machen.

KHALIL GIBRAN

## 8. KAPITEL

# *Alles, was du wirklich wissen musst,*
# *hast du schon als Kind gelernt*

S o lautet der Titel eines Bestsellers von Robert Fulghum.[31]
Im Klappentext ist über den Autor zu lesen:

>»Robert Fulghum war fünfundzwanzig Jahre Priester der
freien, nichtchristlichen Religionsgemeinschaft der Unita-
rier. Außerdem war er als Cowboy, Folksänger, IBM-Vertre-
ter, Maler, Barkeeper, Kunstlehrer und Vater tätig. Auf einer
seiner zahlreichen Reisen kam er in Japan in einem Kloster
mit dem Zen-Buddhismus in Berührung. Heute lebt Fulghum
mit seiner Frau auf einem Hausboot in Seattle.«

Das Buch beginnt mit einem Credo:
»Alles, was ich wirklich über mein Leben, über die Art, wie
ich es führen und was ich tun und wie ich sein soll, wissen muss,
habe ich schon als Kind gelernt. Nicht den ätherischen Höhen

---

31  Robert Fulghum, *Alles, was du wirklich wissen musst, hast du schon
    als Kind gelernt. Ungewöhnliche Betrachtungen über gewöhnliche
    Dinge.* Goldmann, München 1989. Originaltitel: *All I Really Need to
    Know I Learned in Kindergarten.*

der High School, sondern dem Sandkasten im Kindergarten habe ich all meine Weisheit zu verdanken. Dort habe ich folgendes gelernt:

Teile alles mit den anderen.

Sei fair.

Schlage niemanden.

Lege die Dinge immer dorthin zurück, wo du sie gefunden hast.

Räume deine Sachen auf, wenn du sie in Unordnung gebracht hast.

Nimm nichts, was dir nicht gehört.

Entschuldige dich, wenn du jemandem weh getan hast.

Wasch dir vor dem Essen die Hände.

Wenn du auf der Toilette gewesen bist, betätige die Spülung.

Warme Plätzchen und kalte Milch sind bekömmlich.

Führe ein ausgewogenes Leben – lerne etwas und denke nach, aber zeichne auch jeden Tag ein wenig und male, singe, tanze, spiele und arbeite.

Halte jeden Nachmittag ein Nickerchen.

Wenn du auf die Straße gehst, achte auf den Verkehr, und wenn ihr zu mehreren unterwegs seid, fasst euch bei den Händen und bleibt zusammen.

Achte auf die Wunder, die dich umgeben. Vergiss nicht das kleine Samenkorn im Blumentopf: Die Wurzeln gehen hinunter, und die Pflanze wächst nach oben – und niemand weiß wirklich, wie oder warum das so ist, aber wir alle sind wie das Samenkorn.

Goldfische, Hamster und weiße Mäuse und sogar das kleine Samenkorn im Blumentopf – sie alle sterben. Das tun wir auch.

Und dann erinnere dich an deine Bilderbücher aus jenen Tagen und an das erste Wort, das du gelernt hast, das allerwichtigste: *Schau.*

## 8. Alles, was du wissen must, hast du schon als Kind gelernt

Alles, was man wirklich wissen muss, ist irgendwie darin enthalten: die Goldene Regel, die Liebe und die Grundsätze der Hygiene. Die Ökologie, die Politik, die Gleichberechtigung und das vernünftige Leben.«[32]

Bei diesen Regeln handelt es sich um die Textur des Lebens selbst, des Lebens in Verbundenheit und gegenseitiger Abhängigkeit, in Achtsamkeit und Demut (»Goldfische, Hamster und weiße Mäuse und sogar das kleine Samenkorn im Blumentopf – sie alle sterben. Das tun wir auch«). Die Textur des Lebens gilt ungemindert für Familien, Kirchen, Organisationen und Unternehmen. Wer »gegen das Leben« lebt, übt immer in irgendeiner Form Gewalt gegen sich selbst und andere aus. Eine ganze Unternehmenskultur kann schweren Schaden leiden, wenn die Gesetze des Lebens missachtet werden, wie zum Beispiel die Bespitzelungsaffären großer deutscher Unternehmen in den letzten Jahren auf beklemmende Weise deutlich machen.

Dass die Kindergartenregeln Robert Fulghums alles andere als ein Kinderspiel sind, beweist, dass sie letztendlich für das Erwachsenenleben da sind. Gelernt wird für den Ernstfall. Und das, was wir als Kinder schon lernen sollten, haben wir nie zu Ende gelernt.

### Was ich als Berater im Kindergarten lerne

Ich verbringe wöchentlich eine halbe Stunde in einem Kindergarten. Jede Woche gehe ich in eine andere der drei Gruppen. Manchmal habe ich Tags zuvor ein Einzelcoaching mit einem Firmenchef, der mir wortreich mitteilt, er sei mit den Nerven fertig und auch mit der Geduld. Eine Firma sei eben kein Kindergarten!

---

32 Robert Fulghum, *Alles, was du wirklich wissen musst, hast du schon als Kind gelernt*, Seite 12f.

Am nächsten Tag also sitze ich auf einem der Ministühle im Kreis mit achtundzwanzig Kindern zwischen drei und fünf.

Dabei nehme ich die Kinder wahr. Und nehme mich selbst wahr. Beides ist ein außergewöhnliches Training für den Umgang mit sich selbst, mit Menschen im allgemeinen und mit Führungskräften im besonderen!

Und dies sind einige meiner Beobachtungen und Lektionen – nichts daran ist überraschend oder neu:

### Keins ist wie das andere

Jedes Mal und immer wieder neu diese Wahrnehmung: Wie unterschiedlich sind schon Kinder! Wie individuell, wie sehr jedes von ihnen ein ganz eigenes Geschöpf! Das sagt mir ihr Gesichtsausdruck, ihre Körperhaltung, ihre Offenheit oder Verschlossenheit, ihr Tempo und ihre Art, sich zu bewegen, ihre Sprache, ihr Wortschatz, ihr Temperament, ihr Vertrauen oder ihre Ängstlichkeit.

Genau so ist es mit unseren Freunden, Verwandten, Nachbarn und Kollegen: Es gibt die Stürmer und die Abwehrspieler, die Wagehälse und die Zauderer, die Vorlauten und die Unsicheren, die Hilfsbereiten und die Nervensägen, die Lustigen und die Bockigen ...

Niemals die Vielfalt nicht wollen! Die unregelmäßigen Verben machen eine Sprache erst lebendig.

### Jedes hat sein Daseinsrecht

Aussuchen und aussortieren geht nicht nur nicht, sondern die Wahrheit ist: Irgendwo, vielleicht versteckt, liegt im Inneren ein Schatz. »Sie sollten jedes Kind als einen einzigartigen Schatz betrachten. Aber dazu braucht man ein Gefühl, und das entsteht nicht dadurch, dass man sich viel Mühe gibt und möglichst viele Kurse besucht oder ein ganzes Regal von Ratgebern durchliest. Um den besonderen Schatz zu entdecken, der in jedem Kind verborgen ist, muss man sich auf die Suche danach machen. Das kann recht mühsam sein, vor allem dann, wenn man es nicht gewohnt ist«, meinen die Diplompsychologin Jirina Prekop und der Hirnforscher Gerald Hüther.[33] Voraussetzung ist, dass ein Kind sich öffnet.

Dasselbe gilt bei jedem unserer Mitmenschen und für die Schatzsuche bei ihm. Was aber sind die Bedingungen dafür, dass ein Mensch sich öffnet?

### Mit Druck geht gar nichts

Als Kindergartengast lernt man in der ersten Stunde: Ich kann kein Kind zu irgendetwas bewegen, was es partout nicht will! Es gibt kein Mittel. Zwang und Druck sind erst recht keins.

Versuchen Sie einmal, einem Kind, das über Zahnschmerzen klagt, in den Mund zu sehen, wenn es seinen Mund auf keinen Fall aufmachen will! Diesen Kampf werden Sie immer verlieren.

Bringen Sie einmal ein Kind dazu, mitzusingen, wenn es heute eben nicht singen will! Machen Sie einem Kind, das sich für irgendetwas schämt und auf keinen Fall will, dass andere zuschauen, klar, dass Schämen unnötig ist. – Immer werden Sie unterliegen. Wo aber etwas erzwungen wird, gibt es am Ende nur Scherben, vor allem innere.

Es liegt Macht darin, sich zu verweigern, sich bockig oder taub zu stellen. Die Erinnerung an dieses »Macht-haben« wird ins Erwachsenenalter mitgenommen, aber listig ausdifferenziert. In der Regel ist das Ergebnis der Machtkampf. Bei Machtkämpfen verlieren im Leben immer beide Parteien. Auch die, die siegt. So könnte die Reaktion auf Druck in einer Firma aussehen:

Entweder jemand sagt Ja, geht aber hin und tut nichts – oder das Gegenteil.

---

33 Jirina Prekop, Gerald Hüther, *Auf Schatzsuche bei unseren Kindern. Ein Entdeckungsbuch für neugierige Eltern und Erzieher.* Kösel, München 2006⁴, Seite 11f.

Oder jemand tut es, aber so unlustig, dass die Qualität darunter leidet. Es wäre besser gewesen, ein anderer hätte die Aufgabe erfüllt.

Oder jemand tut es, aber mit Wut im Bauch. Er wird die nächste Gelegenheit suchen, es uns »heimzuzahlen«, indem er an anderer Stelle bewusst etwas vermurkst und damit Schaden anrichtet.

## Verzaubern

Kinder sind zu verzaubern. Seitdem ich das weiß, glaube ich daran auch für Erwachsene. Denn das innere Kind bleibt!

Ich betrete den Raum, die Kinder sitzen bereits im Stuhlkreis und warten auf mich. Denn heute ist Donnerstag, und gleich ist es viertel vor zehn. Ich stehe in der Tür und achtundzwanzig Augenpaare begrüßen mich. Wenn ich aber mit Hallo und Trallala beginne oder die ersten Sekunden für Nebensächliches verschwende, kriege ich danach die Aufmerksamkeit nicht mehr gebündelt. Der erste Augenblick ist entscheidend. Noch in der Tür sage ich zum Beispiel: »Ihr glaubt nicht, was ich heute Nacht gesehen habe! Hinter unserem Haus! Im Schnee! – Einen *Fuchs!*«

Es gibt viele Weisen, wie man Kinder verzaubern kann. Fast immer spreche ich im Flüsterton. Oder ich bringe andere »Töne« mit: eine Klangschale, meine Gitarre, die erst gestimmt werden muss, »damit es ihr gut geht«. Oder ich frage: »Habt ihr das auch gehört? Heute morgen beim Aufstehen! Jetzt steht der Frühling vor der Türe. Der Buchfink hat es mir heute morgen verraten ...!«

Verzaubern heißt: Mitnehmen in die Welt der Sinne und Sinneseindrücke. Zum Beispiel auf Raumgestaltungen achten, denn jeder Raum bringt bestimmte Energiemuster hervor. Alles, was die Sinne eines Menschen positiv anspricht, macht ihn aufgeschlossener.

Verzaubern heißt: Mitnehmen in die Welt der Fantasie. Verzaubern schafft ein energetisches Feld, das aus einer Ansammlung von Einzelnen eine Gruppe macht, ein Wir.

*Ich heiße Sophie*

Kinder wollen als Einzelne wahrgenommen werden. Sie wissen bereits um die Bedeutung des Namens: »Wie heißt du? Ich heiße Sophie!« Das Bedürfnis nach Namen, das Bedürfnis, namentlich gekannt und angesprochen zu werden, ist fundamental. Der Name steht für Einmaligkeit und Einzigartigkeit, die Nummer steht für behördliche Unpersönlichkeit.

*Krokodilstränen*

Man staunt, worüber Kinder alles weinen! Tiefer Seelenschmerz entlädt sich in einer Flut von Tränen. »Was ist denn los, Tobias?«, fragt die Erzieherin. – »Schluchz, schluchz... Der Tom hat sich auf meinen Platz gesetzt!« Ich beobachte, wie die Erzieherin die Tränen und das Seelenleid ernst nimmt – und drei Dinge tut: Erstens nimmt sie Tobias in den Arm, zweitens bittet sie Tom, sich einen anderen Platz zu suchen, und drittens ermutigt sie Tobias energisch, seine Interessen ab jetzt selbst wahrzunehmen und sie gegenüber Tom zu behaupten.

Ich fürchte, nichts davon ändert sich im späteren Leben, auch in Beruf und Arbeitswelt nicht: Wir wollen nicht, dass ein anderer sich auf unseren Platz setzt. Wir wollen wahrgenommen und getröstet werden, wenn es doch passiert. Und wir brauchen Ermutigung und Rückenstärkung, für unsere Bedürfnisse selbst einzutreten. – In uns allen steckt immer noch ein kleiner »Tobias«. Und wohl auch ein Tom, der sich gerne auf den Platz eines anderen drängt...

**Das innere Kind im Erwachsenen**

Es gibt keinen Erwachsenen ohne sein »inneres Kind«: Das zu wissen und damit gut umgehen zu können, ist gerade ein Kennzeichen von Erwachsensein.

Ich selbst habe das innere Kind – mein eigenes und das anderer Leute – kennengelernt in der Parkklinik Heiligenfeld in Bad Kissingen, die durch ihr Therapiekonzept ein inzwischen enormes Ansehen genießt. Dort trifft man Lehrer, Polizisten, Manager, Ärzte (!), überhaupt viele Menschen aus helfenden Berufen, aber ebenso auch selbstständige Unternehmer, Menschen in Verantwortungspositionen, Leistungsträger. Viele kommen mit *Burn-out*-Syndromen, andere mit Ängsten oder Depressionen usw. Aber irgendetwas im Lebenskonzept, im Blick auf das persönliche Ressourcenmanagement ist schief gelaufen. Ein Absturz hat stattgefunden, eine Krise zu viel, man wurde gemobbt, man ist durch Fehleinschätzungen gescheitert usw.

»Achten Sie auf Ihr inneres Kind«, sagt der Chefarzt vielleicht schon in der ersten Zusammenkunft der »alten« und der »neuen« Patienten. Die »Neuen« wissen meist nicht, was er damit meint. In der nächsten Woche wieder: »Achten Sie auf Ihr inneres Kind; nehmen Sie es gut an die Hand. Wenden Sie sich ihm zu. Aber denken Sie auch daran, dass Sie es führen, und nicht umgekehrt. Wie das mit Kindern so ist: sie brauchen sehr viel Zuwendung; aber wenn sie nicht geführt werden, können sie sich zu Tyrannen entwickeln!«

Manchmal braucht es Wochen. Irgendwann aber kommen die meisten an ihr inneres Kind. Und dann geht es selten ohne Tränen ab. Manchmal muss geschrien werden, laut heraus. Manchmal ist von der ganzen Person, die vorhin noch stabil und selbstbewusst auf dem Stuhl saß und immer noch zu beweisen versuchte, in welcher Liga sie spielt, nichts mehr übrig als dieses ... Kind.

Das innere Kind ist keine Fiktion, kein therapeutischer Trick. Es ist das ganz reale Kind, das jeder einmal war und das ein Leben lang mitgeht und da ist; leider oft unbeachtet und ungeliebt. Bis es zu schreien beginnt ...

Ich erinnere mich an einen international tätigen Unternehmensberater. Während einer sogenannten *bonding*-Übung brachen alle Schutzwälle, die er ein Leben lang aufgebaut hatte, um einen tief sitzenden Schmerz nicht mehr zu spüren. Sogar die Erinnerung daran war verschüttet. Und nun, mit einem Mal, war alles da: Die Zeit als Vierjähriger, als er an TBC erkrankt war und ein ganzes Jahr in einer Klinik zubrachte, monatelang isoliert; und als seine Eltern ihn dann mal besuchten, waren sie immer noch durch eine Glasscheibe getrennt ...

Psychologen und Hirnforscher zeigen uns heute, dass jeder Mensch elementare Grundbedürfnisse hat. Vor allem handelt es sich um die Bedürfnisse nach

- Orientierung und Selbstbestimmung,
- Wohlergehen und Freude,
- Bindung und Nähe,
- Selbstwerterhöhung.

Das *Bedürfnis nach sicheren Bindungen* ist dabei am besten erforscht. Jeder Mensch sehnt sich nach verlässlichen, tragenden Beziehungen und Beziehungssicherheit. Wenn dieses Bedürfnis fundamental ist für das Daseinsgefühl und das konkrete Verhalten eines Menschen, dann kann man sich leicht vorstellen, was es mit Mitarbeitern und ganzen Belegschaften macht, wenn sie im Ungewissen gehalten werden über die Firmenpolitik, über Fusionen, Standortverlagerungen, Personalpolitik und etwaige Entlassungen – oder in kurzen Intervallen in immer neue Abteilungen, Aufgaben oder Teams verschoben werden und einen dauernden Kontextwechsel bewältigen müssen. Da können Unternehmensberater und Coaches noch so viel von der neuen Tugend »Mobilität und Beweglichkeit« faseln. Was an der neurobiologischen »Hardware« des Menschen vorbeigeht, kann nicht klappen! Das heißt nicht, dass ein Mensch nicht mobilitäts- und anpassungsfähig ist. Das ist er sogar in hohem Maße. Aber es heißt, dass das Wegfallen jeder Berechenbarkeit, jeder Bindungsmöglichkeit einen Menschen paralysiert.

Das Bindungsverhalten eines Menschen entwickelt sich aus den Bindungserfahrungen, die er zu Beginn seines Lebens gemacht hat. Wenn die frühesten Bedingungen für die Entwicklung eines sicheren Bindungsverhaltens unzureichend oder sogar katastrophal waren, dann sind diese Erfahrungen Teil des inneren Kindes und gehen ein Leben lang mit.[34]

Genau so verhält es sich mit den anderen drei Grundbedürfnissen. Immer bilden sich in der frühesten Kindheit Muster heraus, in denen sich spiegelt, welche Erfahrungen mit ihrem Erfüllt- oder Nichterfülltwerden gemacht wurden:

Beim *Bedürfnis nach Orientierung und Selbstbestimmung* geht es darum, dass jeder Mensch die Kontrolle darüber haben möchte, dass seine realen Lebenserfahrungen zu seinen wichtigsten inneren Zielen passen. Letztlich geht es um das Bedürfnis nach Handlungsspielraum und Handlungsalternativen.[35]

Das *Bedürfnis nach Wohlergehen und Freude* sowie der Vermeidung von Schmerz ist evolutionsbiologisch entstanden; es dient schlicht dem Überleben. Es geht – für uns gesprochen – um das Bedürfnis nach positiven Emotionen, Vitalität und Lebendigkeit, interessanten Erlebnissen und um die Vermeidung eines »Lebens auf Sparflamme«.

Und schließlich haben wir es viertens mit dem *Bedürfnis nach Selbstwerterhöhung und Selbstwertschutz* zu tun: »People want to feel good about themselves. They want to believe that they are competent, worthy, and loved by others«, zitiert Klaus Grawe W. D. Brown.[36]

---

34   Vgl. Klaus Grawe, *Neuropsychotherapie*. Hogrefe, Göttingen 2004, Seite 194.

35   Klaus Grawe, Seite 232.

36   Klaus Grawe, Seite 250.

Ob es sich um unsere Familien handelt, um den Verein, in dem man ehrenamtlich mitarbeitet, um unsere Schulen und andere Bildungsinstitutionen oder um Organisationen und Unternehmen – immer handelt es sich um Lebensräume, und immer geht es den Menschen darum, in diesen Lebensräumen ihre tiefsten, gleichsam biologisch vorgegebenen Grundbedürfnisse befriedigt zu sehen.

Wenn ein Unternehmen erfolgreich sein will, ohne »über Leichen zu gehen«, dann muss es sich als Lebensraum definieren, auch wenn es zugleich um Wirtschaftlichkeit, Gewinn und Konkurrenzfähigkeit geht. Zum Lebensraum wird ein Unternehmen aber erst, wenn die Grundbedürfnisse eines jeden Menschen ernst genommen und befriedigt werden. Dasselbe gilt für unsere Schulen und Bildungseinrichtungen. Immer wenn dies nicht der Fall ist, entwickelt sich bei den Mitarbeitenden das, was Klaus Grawe in psychologischer Fachsprache *Inkonsistenz* nennt: ein tiefsitzendes Unbehagen, ein Missgestimmtsein, ein Aus-dem-Lot-sein, das bis zu psychosomatischen Erkrankungen und neurotischen Störungen gehen kann. Und immer meldet sich in solchen Spannungen und Frustrationen das innere Kind, sofern es schon früh im Leben eine ähnliche Erfahrung gemacht hat.

Daher ist tatsächlich der Kindergarten eine Schule der Weisheit. Und auf das innere Kind in uns und bei unseren Mitmenschen zu achten, ist ein wichtiger Kompass für die Gestaltung lebensdienlicher Verhältnisse. Jeder Mensch braucht sein Leben lang dasselbe, was ihn zu Beginn seines Lebens überhaupt lebensfähig gemacht hat: Geborgenheit (Bindung), eigenes Mitwirken-Können (Selbstbestimmung und Orientierung), Erfahrungen von Freude und Lust sowie Wertschätzung (Selbstwert).

A lles durchdringst du,
die Höhen,
die Tiefen
und jeglichen Abgrund.
Du bauest und bindest alles.
Du auch führest den Geist,
der deine Lehre trinkt,
ins Weite.
Wehest Weisheit in ihn
und mit der Weisheit die Freude.

HILDEGARD VON BINGEN

## 9. KAPITEL

# Weisheit und Spiritualität

W eisheit und Spiritualität sind nicht dasselbe. Es gibt eine sehr lebenspraktische, pragmatische Weisheit, die sich mit spirituellen oder religiösen Fragen wenig beschäftigt. Umgekehrt wurzeln aber viele Weisheitstraditionen und -schätze tief in einer spirituellen Lebenserfahrung und Weltsicht sowie im Herzen aller großen Religionen.

Für mich ist die Suche nach Quellen der Weisheit und einer weisen Lebensgestaltung verbunden mit dem gleichzeitigen Wunsch, ein spirituell lebendiger Mensch zu sein. Der Garten, in dem Früchte der Weisheit wachsen und reifen, möchte bewässert werden. Das hat mit Spiritualität zu tun.

Oder, in einem anderen Bild: Spiritualität ist für mich die Frage nach meinen »Wurzeln im Erdreich«, die notwendig sind für jedes Wachstum. Spiritualität fragt nach jenen Kräften, die nicht aus mir selbst kommen, die ich nicht nur in mir selbst finde. Spiritualität ist eine Daseinsorientierung, in der ich mich verbinde mit dem großen Lebensstrom, der mich eins werden lässt mit der Gemeinschaft alles Lebendigen und aller Kreaturen und eins werden lässt mit dem letzten Urgrund des Seins und der alles umfassenden göttlichen Wirklichkeit – dem Geheimnis, aus dem wir kommen und in das wir gehen. In der christlichen Tradition wird das Wort »Gott« wie ein Name verwendet für eben dieses Geheimnis. Wer diesen Namen sagt, sagt damit auch, dass er daran glaubt, dass die Welt, die Schöpfung und in ihr jeder einzelne Mensch in einem letzten, Grundlegenden Sinn *zum Leben berufen und geliebt* ist.[37]

In der Bibel, in Psalm 1, wird ein weiser Mensch verglichen mit einem »Baum, an Wasserbächen gepflanzt: Er bringt seine Frucht zu seiner Zeit, und seine Blätter welken nicht. Alles, was er tut, gerät ihm wohl.« Dieses »Gepflanztsein an Wasserbächen« ist für mich das eigentliche Wesen von Spiritualität – ein Begriff, der ansonsten ja alles Mögliche und Unmögliche meinen kann bis hin zu kaum ernst zu nehmenden esoterischen Vorstellungen. In Psalm 1 – wie in der Bibel überhaupt – ist letztlich Gott selbst jener Fluss, an dessen Ufer wir gepflanzt sein sollten, um aus ihm unser Leben zu empfangen.

Weisheit und Spiritualität durchdringen sich für mich in einer vollständigen Weise – wie zwei Bäche, die ineinander fließen, gemeinsam in den nächsten Fluss münden und mit ihm ins

---

37 Meines Erachtens ist das Verhältnis von christlichem Glauben und Naturwissenschaften noch weit von einer integrativen Sichtweise entfernt.

Bis heute haben die Kirchen naturwissenschaftliche Erkenntnisse eher »zähneknirschend« wahrgenommen. Dasselbe gilt für das Verhältnis von Theologie und Tiefenpsychologie. Die gegenwärtigen, rasant zunehmenden Erkenntnisse im Bereich der Evolutionsbiologie, der Genetik und der Neurobiologie/Neuropsychologie zeigen das aufs Neue.

Faktisch bedeuten diese Erkenntnisse eine immense »narzisstische Kränkung« für das aristotelisch-christliche Welt- und Menschenbild des Abendlandes. Während Kirchen und Theologen einen verengten Vernunftbegriff kritisieren, beklagen Naturwissenschaftler die Tatsache, dass die Kirchen und ihre Gläubigen sich weithin weigern, wirklich zu *verstehen und anzunehmen*, was inzwischen gewusst wird. Das bedeutet nicht automatisch das Ende theologischer Weltdeutung, aber möglicherweise die Überprüfung mancher kirchlicher Lehrsätze und Dogmen.

Meer. Immer geht es darum, bewusst zu leben, achtsam zu sein, in Berührung mit mir selbst, dem Leben und der umfassenden Gemeinschaft, in die ich gestellt bin.

Zugleich möchte ich mich im Geheimnis jener nur zu ahnenden umfassenden Liebe bergen und gründen, für die ich den Namen »Gott« verwende. Wie das aussieht, wird deutlich anhand eines überlieferten Gebetes, das sich sowohl für den Tagesbeginn wie das Tagesende verwenden lässt – und mit dem alles gesagt ist, was ich meine, wenn ich von Spiritualität als dem Wurzelgrund und der Kraftquelle der Weisheit spreche:

*Ich breite meinen Tag aus vor dir,*
*du Quelle des Lebens.*
*Dein bin ich.*

*Ich breite meinen Tag aus vor dir,*
*alles lasse ich dir,*
*du abgrundtiefes Erbarmen.*

*Dein bin ich*
*in Zeit und Ewigkeit.*

Spiritualität bedeutet nicht ein spezifisches religiöses Glaubenswissen, sondern die Durchdringung und Durchformung meiner gesamten Lebenswirklichkeit von einer letzten, tiefen Offenheit her, von dem Wagnis des Vertrauens und der Gottbezogenheit her. In diesem Sinne ist Spiritualität Formgebung des Lebens, wirkliche und liebevolle Daseinsgestaltung und

---

Im 21. Jahrhundert muss dem gesellschaftlichen »Gottesschwund« auch dadurch entgegengewirkt werden, dass Theologie und Wissenschaft sich auf einer neuen, gleichsam höheren Bewusstseinsebene treffen, wie es etwa der Quantenphysiker Hans-Peter Dürr wünscht. Christlicher Glaube würde dann seine Identität und Plausibilität mehr in Gestalt einer »modernen Mystik« erweisen als auf der Basis traditioneller Lehrsätze.

schließlich gesteigerte »Bewusstheit« im Blick auf den gesamten Lebensvollzug im Alltag. Dabei gibt es immer einen Weg von innen nach außen und einen Weg von außen nach innen. Beide Wege gehören zusammen.

### Von innen nach außen

Vieles von dem, was ich den *Weg von innen nach außen* nenne, soll im folgenden Kapitel verdeutlicht werden, wo wir von der Weisheit sprechen, »ganz Ohr zu sein«. *Von innen nach außen* bedeutet einen Aspekt und eine Dimension des persönlichen Lebensvollzugs, der sich im Inneren vollzieht. Dort begegne ich

- meinen eingeprägten Lebensmustern,
- meiner absoluten Einmaligkeit,
- meinem schöpferischen Potenzial,

aber auch

- meiner Bedürftigkeit,
- meiner Zerbrechlichkeit und
- meinem Schatten, dem Ungelösten und Unerlösten in mir.

Zutiefst jedoch darf ich, gleichsam noch unter meinen Tiefen und Untiefen, daran glauben, dass es einen Wesenskern gibt, der nicht das Produkt meiner Sozialisation noch meiner Taten oder Unterlassungen ist, der sich jeder moralischen Bewertung entzieht und in den spirituellen Traditionen bezeichnet wird als

- Wesenskern oder
- als die Wirklichkeit des »inneren Lichtes«.

Im jüdischen Glauben gibt es die Vorstellung der göttlichen *Schechina*, des Lichtglanzes Gottes, der seiner Schöpfung und dem einzelnen Menschen innewohnt.

In der christlichen Tradition ist dies gleichbedeutend mit dem Geheimnis, von Gott geliebt zu sein.

Der spirituelle Weg, der von innen nach außen führt, nimmt das eigene Lebendigsein wahr. Es geht darum, in Berührung zu sein mit den eigenen Lebenskräften und Lebenswunden; mit dem Geschenk des Vertrauens und den Gefahren des Übermuts; mit der Erfahrung der eigenen Stärke wie der eigenen Abgründigkeit; mit dem, was mir Flügel verleiht, und dem, was mich in Zonen des Dunkels und der Verlorenheit hineinziehen kann.

Auf diesem Weg nach innen und »im Innen« soll ich lernen, mich mit allem wahrzunehmen, was ich bin – ohne eigenmächtige Bewertung. Aber es ist kein Weg des selbstverliebten Narzissmus und einer Ego-Kultur, sondern letztlich ist es der Weg in die eigene Wahrheit hinein. Und darum ist es auch ein Weg der Schmerzen, ein Passionsweg.

Spiritualität, die echt ist und kein postmoderner oder esoterischer Trip, hat auch mit Sterben zu tun – in unterschiedlicher Hinsicht. Ich muss üben, loszulassen. Am Anfang des Lebens müssen wir die Geborgenheit im Mutterleib loslassen; am Ende des Lebens müssen wir dieses vertraute irdische Dasein loslassen. Loslassen bedeutet immer: sich finden und sich selbst neu empfangen, indem man sich gerade nicht krampfhaft festhält; zu seiner wahren, authentischen Lebensgestalt zu gelangen, indem man aufhört, sich selbst zu inszenieren.

### Von außen nach innen

Spiritualität benötigt aber auch den *Weg von außen nach innen*. Dabei geht es wirklich um die »Äußerlichkeiten« des Lebens, um Zeit und Raum, Arbeitsplatz und Wohnung, Lebensgewohnheiten und all jene Rahmenbedingungen, in die mein Leben nun einmal eingespannt ist. Alles Innere braucht Haftpunkte im Äußeren. Der Inhalt braucht eine Form. Der Geist benötigt die Materie, die Verleiblichung.

Um auf diese Spur zu kommen, können Sie zum Beispiel der Frage nachgehen: Welches sind meine wichtigsten und liebsten Orte? Ein Geschäftsmann hat diese drei Orte für sich so identifiziert: der eine wichtige Platz ist sein Schreibtisch; der andere ein bestimmter Platz am Fenster in seiner Wohnung; und der dritte eine kleine Meditationsecke, die er sich eingerichtet hat.

Vielleicht sind Ihre Orte – die für Sie eine besondere Bedeutung haben, wo Sie leichter zu sich selbst kommen als anderswo – ganz anders. Diese Orte sollte man sich bewusst machen, sie pflegen und gestalten und vor allem immer wieder aufsuchen.

Jemand anders erzählte mir, dass er sich eine Armbanduhr gekauft habe, die mechanisch aufgezogen werden muss: »Das Aufziehen meiner Uhr am Morgen verbinde ich jedes Mal mit den Worten: *Meine Lebenszeit steht in Gottes Händen.*«

Wieder jemand hat seine Essensgewohnheiten radikal geändert. Er löffelt das Essen nun nicht mehr vor dem Fernseher in sich hinein, sondern tut beim Essen nichts als essen. Er *feiert* diese Augenblicke, diese Zeit.

Das Äußere bedeutet auch die Raumgestaltung, manchmal auch den Umgang mit dem eigenen Körper sowie die Art und Weise, sich zu kleiden. Es gibt Menschen, deren unachtsame und lieblose Wohnungsgestaltung oder deren Kleidungsstil Ausdruck dafür ist, dass sie von sich selbst entfremdet sind. Sie spüren das Äußere ihres Wohnraums so wenig wie ihr eigenes Erscheinungsbild; vielleicht spüren sie sich selbst nicht. Freilich geht es dabei nicht um das Urteil oder die Interpretationen der anderen Menschen, sondern es geht darum, wie es sich tatsächlich in ihnen selbst verhält.

Bekanntlich können Äußerlichkeiten eine Ersatzbefriedigung und eine Show sein, etwas, das man nach außen hin demonstriert, ein gut gestaltetes Schaufenster, hinter dem sich ein chaotischer oder auch völlig leerer Laden verbirgt. Aber es gibt auch das Umgekehrte: eine Vernachlässigung des äußeren Lebensraumes, die die heilende Schönheit und heilsame Gestaltung des Äußeren übersieht.

Spiritualität, die das Äußere und Äußerliche durchdringt, hat mit Ganzwerdung, mit Ganzheit zu tun. Das Innere will immer zur Gestalt werden, und die Gestalt will das innere Leben stützen, schützen und ihm Raum gewähren.

Für die innere Spiritualität braucht man das lauschende Ohr; für die Spiritualität der äußeren Lebensgestalt braucht man das sehende Auge; den Blick dafür, wie ich die materielle Welt, deren Teil ich bin und die einen Teil meines Lebens ausmacht, beseelen kann; wie ich sie beseelend zu gestalten lerne.

**Gegenwärtig sein und betrachten**

Lebendige Spiritualität als Schwester der Weisheit zeigt sich auch in unserer Erlebnisfähigkeit, in der bewussten Wahrnehmung, der Betrachtung und Kontemplation. Sie hat immer das Gegenwärtigsein und das eigene Leerwerden zur Voraussetzung. Ich bin mir jetzt nicht selbst Thema, jetzt ist nichts zu reflektieren oder zu bedenken, sondern jetzt ist die Zeit da, sich seines Umgebenseins und Bezogenseins bewusst zu werden. Eine passende Bewegung dazu ist das Gehen. Es gibt ein betrachtendes Gehen, bei dem ich »aus mir hinausgehe« und zu mir sprechen lasse, was mich anspricht und anschaut.

»Was immer mir jedenfalls durch die Seele geht oder durch das Herz, es riecht nach regennasser Erde. Nach Wind. Nach Holz. Nach dem Rauch aus dem Schornstein unseres Hauses. Ich spüre mich selbst immer dort am genauesten, wo ein Meer rauscht und der Wind seinen kräftigen Geruch mitbringt, wo Sand oder Gestein unter meinen Füßen ist und damit etwas, das um Jahrmilliarden älter ist als mein kleiner Kopf. Von allen Seiten höre ich die Dinge über meinen anmaßenden Menschenverstand fröhlich spotten. Ich höre das farbensprühende Gelächter der Schmetterlinge über uns schwere Menschen. Ich kann mir denken, dass die Bäume sich einen Ast lachen über die Namen, die wir ihnen beilegen und die nur zeigen, dass wir von ihren wirklichen Namen nichts wissen.«

– Zeilen aus Jörg Zinks »Ufergedanken«.[38] Er fügt eine kleine chinesische Überlieferung bei, vor 2400 Jahren entstanden:

»Wohin des Weges?«
»Zum Meer«, gab Dschuang Dse zur Antwort.
»Was tust du dort?«, fragte Yüang Feng.
»Was ich dort tue?«, rief Dschuang Dse zurück:
»Nichts. Ich gehe hin, mich an ihm zu freuen.«

## Singen

Für mich gehört zu einer lebendigen Spiritualität schließlich auch das Singen, das Singen ganz allein, in der Familie, mit Freunden bei einem Fest, im Gottesdienst. Als Christ gehöre ich dem Christentum an: der einzigen singenden Weltreligion! Manchmal möchte das Singen zum Tanz werden, manchmal werden beim Singen Tränen frei. Vor allem hilft mir das Singen, die erstaunliche Erfahrung zu machen, ganz bei mir selbst zu sein und doch auch irgendwie von mir frei!

An einem wunderschönen Herbsttag ging ich am hinteren Ufer des Laacher Sees entlang; ein Uferstreifen, dessen Schönheit einen geradezu betrunken macht. Genau dort kam mir im Gehölz ein Ehepaar mit zwei Kindern entgegen. Das ältere der beiden Mädchen, vielleicht zehn oder elf Jahre alt, war schon von weitem in der stillen Umgebung zu hören: es sang, offenbar nach einer eigenen Melodie, laut und vernehmlich und in endloser Wiederholung die Worte (an die ich mich genau erinnere!): »Mit Herz und Gefühl gehen wir in die Natur und sehen sehr viel!« Immer wieder dieser Vers, hüpfend und jauchzend

---

38  Jörg Zink, *Ufergedanken*. Gütersloher Verlagshaus, Gütersloh 2007², Seite 16.

– und Gott sei Dank nicht von den Eltern mit einem »Pssst! Sei doch leise!« bedacht.

Später traf ich diese Familie auf dem Klostergelände Maria Laach wieder. Da leckte dieses Mädchen an einem Eis. Ich sprach es vorsichtig an: »Darf ich dich etwas fragen?« »Na klar!« »Dieses schöne Lied, heute Nachmittag, wo hast du das gelernt, woher hattest du das?« »Das hab' ich mir selbst ausgedacht.« »Dann wünsche ich, dass dir noch viele solche Lieder einfallen!« »Dankeschön!«

Man mag davon ausgehen, dass selbst ein blindes Naturgeschehen so etwas wie die Schönheit des Ufers am Laacher See in der Vulkaneifel hervorgebracht haben kann und sich dabei noch nicht einmal besonders anstrengen musste. Man mag auch davon ausgehen, dass die Evolution ein zehnjähriges Mädchen hervorgebracht hat, das sich freut und durch den Wald hüpft. Aber hat die Evolution auch sein Singen hervorgebracht – und vor allem: die Weisheit dieses kleinen Liedes aus Kindermund?! Die Weisheit nämlich, dass »man erst viel sieht«, wenn man in die Natur hinausgeht »mit Herz und Gefühl«. Was ich still und stumm bestaunte, wurde hier zu Gesang und tiefer Weisheit. Wurde zur Spiritualität, die sich im Singen und im Jubel ausdrückt.

*Ich möchte ein Lied mir singen*
*von der Stille, dem Hauch und der Glut,*
*von dem Lauschen, dem Schau'n,*
*von dem stillen Vertrau'n,*
*von dem Glauben, dem Zweifel, dem Mut.*
*Leises Wandern am Strand,*
*still verharren am Rand,*
*wo die Freiheit wohnt, kostbarstes Gut.*

*Ich möchte ein Lied uns singen*
*von der Nähe, der Freundschaft, dem Glück.*
*Einander fremd und zugleich*
*durch Verschiedenheit reich,*
*einander Herberge sein, ein Stück.*
*Und wir lassen uns steh'n,*
*und wer gehen muss, darf geh'n*
*mit Gott. Komm gesegnet zurück!*

*Ich möchte ein Lied Dir singen,*
*ein unendliches Schöpfungsgedicht,*
*voll Vertrauen, weil Du*
*mich umhüllst immerzu.*
*Du vergisst das Vergängliche nicht.*
*Du Geheimnis der Welt,*
*ich – ein Tropfen, der fällt*
*und sich auflöst in liebendem Licht.*

WOLFGANG VORLÄNDER

*Stillesein heißt einfach:* sein;
*das Sein nicht stören durch Gewalt,*
*durch Tätigkeiten, durch Gedanken.*
*Es geht dabei um die Kunst des Vertrauens,*
*der Erfahrung, der Beobachtung,*
*der Ehrfurcht vor dem Sein.*

RAIMON PANIKKAR

## 10. KAPITEL

# Von der Weisheit, ganz Ohr zu sein

Über Mutter Teresa wird die folgende Anekdote erzählt: Jemand, der sie in Kalkutta besuchte, hatte gehört oder gelesen, dass das Gebet in ihrem Leben eine ganz zentrale Rolle spiele. Nun fragte er sie, was genau sie denn vorbringe, wenn sie zu Gott bete. »Da sage ich nicht viel«, gab sie spontan zur Antwort, »ich höre lieber zu«. Mit dieser Antwort war der Besucher nicht ganz zufrieden und so hakte er nach: »Und was sagt Ihnen Gott, wenn Sie so zuhören?« Daraufhin zögerte Mutter Teresa einen Augenblick lang und antwortete dann: »Wenn ich darüber nachdenke, sagt er auch nicht viel, sondern hört lieber zu!«

Diese wunderschöne kleine Anekdote ist in sich bereits eine Perle der Weisheit. An ihr kann man Wesensmerkmale von Weisheit lernen: die Knappheit an Worten, der leise Humor und eine überraschende Ehrlichkeit und Einfachheit, worin dennoch eine »große Lektion fürs Leben« liegt – ohne dass man das Gefühl hat, belehrt worden zu sein. Zugleich weist uns diese Geschichte auf die Dimension des Hörens im Leben eines spirituellen Menschen hin.

In diesem Kapitel lernen wir Weisheit als die Fähigkeit kennen, zu hören und zuzuhören. Das mag vielleicht überraschen, weil das Hören ja etwas ganz Passives zu sein scheint.

Aber wir werden sehen, dass und inwiefern das Gegenteil der Fall ist.

Wer lernt, zu lauschen, hinzuhören und zuzuhören, der wird entdecken, dass die Fähigkeit zum Hören geradezu eine Zauberkraft ist; eine magische Energie, um Blockaden, Konflikte, Probleme, Missstimmungen und vermeintliche Sackgassen zu überwinden und aufzulösen und dadurch Vertrauen wachsen zu lassen.

Zugleich gehört das Hören-können mit zum Schwierigsten im Leben überhaupt. Die Schwierigkeiten steigern sich, je mehr jemand »um die Ohren hat« (ein beredter Ausdruck!), je größer der Druck, das Tempo und die Fülle der Aufgaben sind.

Wir werden im folgenden das Hören von verschiedenen Seiten beleuchten und erkunden. Ich möchte vom Hören als einer Daseinshaltung sprechen. Dabei geht es zum einen um Ihre eigene tiefere Lebensorientierung. Aber es wird auch zu ahnen sein, warum das »Hören als Daseinshaltung« zugleich zu Ihrer eigenen Lebensqualität und Gesundheit beiträgt. Indem Sie diese Abschnitte für sich persönlich meditieren, profitieren Sie davon für Ihre innere Weiterentwicklung.

Anschließend fragen wir nach Konkretionen für die berufliche Rolle und Aufgabe, etwa im Blick auf das Zuhören bei einem Mitarbeitergespräch. Dafür greifen wir zurück auf eine alte Weisheitsquelle, nämlich die Ordensregel des Heiligen Benedikt von Nursia. Sie zeigt, dass die Weisheit, ein guter Hörer und Zuhörer zu sein, ein ganzes Unternehmen in Schwung, auf neue Ideen bringen und in ein positives Fahrwasser leiten kann. Wir entdecken, warum die scheinbare Passivität des Hörens in Wahrheit bereits ein ungemein kreativer Akt ist, eine »starke Leistung« und ein Motor, der uns und andere in Bewegung bringt. In diesem Sinn könnte man das Hören als eines der wichtigsten Erkennungszeichen für Weisheit bezeichnen.

## 10. Von der Weisheit, ganz Ohr zu sein

*Der Weise hört und lernt dazu.*

SPRÜCHE SALOMOS, KAPITEL 1, VERS 5

*Wenn einer Antwort gibt, bevor er zugehört hat,*
*ist das töricht und schändlich für ihn.*

SPRÜCHE SALOMOS, KAPITEL 18, VERS 13

Für unser Thema »Weisheit, die ganz Ohr ist« kann uns ein Kōan (siehe Kapitel 7, Seite 80) des japanischen Zen-Meisters Hakuin Zenji weiterhelfen, der im 18. Jahrhundert wirkte. Es lautet:

*Stoppe den Klang der fernen Tempelglocke.*

Jeder merkt sofort, dass dieser Befehl keinen Sinn ergibt, weil das rein physikalisch nicht geht: eine Schallwelle zu stoppen.

Von meinem Haus aus höre ich aus verschiedenen Himmelsrichtungen die Glocken von vier Kirchen, die zwischen drei und fünf Kilometern entfernt liegen, sowie das Glöckchen von einem Dorffriedhof hinter dem übernächsten Hügel. – Jetzt soll ich den Klang, der da von weit her an mein Ohr kommt, stoppen?! – Doch genau mit diesem Befehl schickte Meister Hakuin seine Schüler zurück in ihre Klosterzelle.

Wir müssen also tatsächlich umschalten und uns vom vordergründigen Wortsinn wegbewegen, um der eigentlichen Botschaft auf die Spur zu kommen (eine Wahrheit, die uns aus der modernen Kommunikationsforschung eigentlich längst bekannt ist: Hören, was jemand *meint*, und nicht nur, was er *sagt*).

Wenn »den Klang der fernen Tempelglocke zu stoppen« nicht bedeuten kann, den Klang »zum Verstummen zu bringen«, dann muss etwas anderes gemeint sein. Vielleicht: Lerne, ganz anders hinzuhören. Lerne, ganz anders zu lauschen. Den jetzigen Augenblick meines Lebens in ein einziges Lauschen zu verwandeln, als wäre die ganze Welt nichts als ein einziger Glockenklang. Oder so, als wäre ich selbst, als wäre mein Leben ein einziger Glockenklang. Könnte es also sein, dass der Klang nur so »gestoppt« wird, dass man ihn wie eine Meereswelle an den Strand rollen lässt – wobei ich der Strand bin? Ich lasse dann den Klang in mir seine Bewegung vollenden. Oder auch: Ich werde selbst zur Klangschale, zum Resonanzraum; ich werde angerührt, um dann selbst ins Klingen zu kommen.

Vielleicht hört sich das für Sie jetzt sehr blumig oder poetisch oder mystisch an. Vermutlich sagen einige männliche Leser: Das ist nichts für mich!

Sie erinnern sich: Ein Kōan zielt ja immer auf unsere antrainierten Haltungen und Denkmuster und möchte uns in eine andere Grundhaltung dem Leben gegenüber hineinführen. Das empfinden wir zunächst als Zumutung. Aber unter diesem Preis ist Weisheit nicht zu erlangen.

Einen Klang »stoppt« man nur dadurch, dass man ihn innerlich aufnimmt. – Mit anderen Worten: Gestatten sie sich »hörende Nachdenklichkeit«.

Hören – Lauschen – selbst »zu einem Klang zu werden« ... – das verweist noch auf ganz andere Dimensionen und Grundhaltungen unseres Menschseins.

## Hören als »Nachdenklichkeit«

Ich vermute also, dass Meister Hakuin mit dem Paradoxon, den Klang der Tempelglocke zu stoppen, seine Schüler in die Meisterschaft des Hörens einführen wollte. Und dass es dabei nicht um den physiologischen Hörvorgang geht, der nun einmal die Bedingung für das rein kognitive Aufnehmen von etwas Gesagtem ist, sondern um spirituelles Hören bzw. um das Hören als Ausdruck von Spiritualität.

Ich habe einmal in einer Bismarck-Biografie gelesen, dass Otto von Bismarck, als er Reichskanzler war, sich mitunter einfach wochen- oder gar monatelang zurückzog auf sein Gut in Pommern. Und das Deutsche Reich brach nicht zusammen![39]

Das müsste man heute manchem Spitzenmanager oder Politiker sagen: »Geh doch einfach mal weg; gestatte dir eine persönliche Auszeit!« Für viele ist das ein unvorstellbarer, leichtfertiger Gedanke. Eine solche Vorstellung würde bei manch einem sofort die Angst vor dem Firmenzusammenbruch auslösen. Oder vielleicht vor dem ganz persönlichen!

Ich plädiere sehr dafür, eine persönliche Kultur zu entwickeln für solche Auszeiten und für bewusstes Innehalten. Das hieße, dass ich mir vielleicht einen Nachmittag im Monat, drei Tage im Jahr dafür reserviere – und dies auch »ritualisiere«: dass ich eine solche Unterbrechung also wie ein Tabu schütze.

Gemeint ist natürlich nicht der Saunabesuch, um sich zu entspannen. Sondern es geht um die Erfahrung qualifizierten Alleinseins. Ob man dabei durch den Wald läuft oder still auf einem Fleck sitzt, ob man dabei die Augen schließt oder ob man gerne seine Gedanken notiert – die Gestaltung wird individuell zu finden und auszuprobieren sein.

Was hat es damit auf sich? Innehalten heißt: sich Nachdenklichkeit erlauben.

In der Stille sind Sie zunächst keinem Rechenschaft schuldig über Ihre Gedanken. Aber Sie leisten sich einmal einen (tiefer gehenden) Gedanken. Sie schauen sich selbst einmal zu, schauen sich selbst über die Schulter, kommen sich vielleicht selbst in die Quere oder auf die Schliche. Sie üben sich in Ehrlichkeit sich selbst gegenüber. (Sie müssen das Ergebnis ja einstweilen keinem verraten!) Sie stellen sich Ihren Ängsten und Zwängen und denken einmal einfach »quer«. Sie nehmen für eine kurze Zeit bewusst einen Platz am Rande des Tatortes

---

39   Edward Crankshaw, *Bismarck. Biographie*. List, München 1990.

ein – und spüren: Vom Rand aus sieht man klarer. Es können sich neue, überraschende Perspektiven ergeben.

Was man durch solche Nachdenklichkeit auf dem Wege des Innehaltens gewinnt, ist zum Beispiel die Fähigkeit, populäre Vereinfachungen und Modemeinungen zu durchschauen – im Allgemeinen sowie in der speziellen Branche oder in welcher akuten Situation auch immer. Durch das »Nachsinnen mit Abstand« stellt man all die wohlfeilen Antworten, die bekannten Rezepte und Konzepte, die bequemen Vereinfachungen und betriebsinternen Denk-Verordnungen gleichsam zur Rede. Das ist ein wunderbarer, geradezu herrschaftlicher Akt, mit dem Sie subtilste Gehirnwäschen und manche zunächst betörend wirkenden Lügenmärchen entlarven.

Eine unerwartete weitere Frucht von Nachdenklichkeit könnte auch in der Erkenntnis liegen, dass es unlösbare Probleme gibt. Wäre das nur bedrückend und lähmend – oder nicht am Ende viel befreiender als alle trügerischen Verheißungen der ungezählten »Ich habe die Wahrheit«-Apostel? Wären wir nicht in Politik und Wirtschaft weiter, wenn wir endlich wieder über die Fähigkeit der Unterscheidung verfügten zwischen dem, was veränderbar ist, und dem, was – wenigstens einstweilen bzw. auf längere Sicht – nur wenig zu beeinflussen ist? Damit ist nicht denjenigen das Wort geredet, die den Status Quo aus ideologischen Gründen als unantastbar verteidigen. Es geht bei der besagten Unterscheidung vielmehr darum, allen falschen Parolen von Machbarkeit zu widerstehen, hinter denen sich in der Regel nur Machtinteressen verbergen.

Es gibt unlösbare Probleme. Diese unterscheidende, kritische Erkenntnis kann unsere schöpferische Denkkraft gerade auf jene Bereiche konzentrieren, wo Veränderungen tatsächlich nötig und möglich sind, kann unerwartete, intelligente Ideen freisetzen.

## Stille als schöpferischer Neubeginn

Innehalten, um sich Nachdenklichkeit zu gestatten, wird aber noch vertieft und überboten vom dem, was ich nicht nur als Weg in die Stille und in den Abstand beschreibe, sondern als Weg ins Schweigen. Nach meiner Erfahrung handelt es sich für viele Führungskräfte bei diesem Thema um eine Zumutung ersten Ranges. Welche Abwehrstrategien werden da mobilisiert!

Stille als qualifiziertes Alleinsein, als bewusst gesuchte Einsamkeit und innere Einkehr ist in einem tieferen Sinn die Geburtsstätte für alles qualitativ Neue. Wer die Stille sucht, sucht den Weg der Verwandlung, nicht nur der Veränderung. Veränderung kann man machen, organisieren und in die Wege leiten. Verwandlung hingegen widerfährt einem. Verwandlung hat mit Passion zu tun, mit Leiden. Wer jedoch die Stille in diesem spirituellen Sinne sucht, geht von Neubeginn zu Neubeginn.

Im letzten Buch der Bibel, der Offenbarung des Johannes, heißt es in einer prophetischen Vision, dass im Himmel beim Öffnen des siebten Siegels des Weltdramas »eine Stille entstand«. Das Universum hält also gleichsam den Atem an. Und aus dieser Stille entstehen »der neue Himmel und die neue Erde«. Schon die jüdischen Gelehrten sagten, aus dem Schweigen heraus habe Gott die Welt erschaffen, aus dem Schweigen schaffe er auch die zukünftige Welt der Erlösung und Vollendung aller Dinge.

Stille und bewusstes Schweigen sind die Voraussetzung für wirkliche Kreativität. Und sie sind nicht für religiös oder meditativ veranlagte Menschen reserviert oder nur für sie zugänglich oder erforderlich.

Es bedarf freilich der Bereitschaft, sich selbst zu begegnen – und dem Urgrund des Lebens, dem Schöpfer, dessen Wort mich erreichen will.

Wenn die Stille diese Dimension erschließt, dann besteht endlich die Chance, bei sich selbst anzukommen und der drohenden Gefahr zu entkommen, dass man sich unter dem Außendruck immer mehr selbst verliert. Sie wollen doch kein Mensch sein, der sich selbst abhanden kommt? Und Sie wollen doch auch Ihre Mitarbeiter davor bewahren? Denn wen hätten Sie dann noch vor sich?

Nun stellt sich jedoch heraus, dass gerade der Weg in die Stille in diesem qualifizierten und spirituellen Sinn ein Weg ist, der vielen Angst macht und ihnen tief bedrohlich erscheint.

Als ich einen Unternehmer, den ich gut kannte, einlud, einmal mitzukommen zu unserer *Retraite*, die ich in einem Kloster oder Einkehrzentrum anbot, sagte er mir: »Ich vermag das nicht. Ich glaube, das halte ich nicht aus. Ich stehe seit Jahren so sehr unter beruflichen Anspannungen, dass ich eine solche Unterbrechung innerlich nicht durchhalte.«

Ein anderer, der es doch einmal versuchte, bekam nach einer Stunde Schweigen bereits die Krise.

Der bewusste Weg in die Stille und ins Schweigen bedeutet offenbar, dass ich auf eine unvorhergesehene Weise mit mir selbst alleine bin, mir selbst begegne mitsamt den Dingen, die ich gekonnt verdränge. Das Verdrängte kann in der Tat hochschießen wie ein Springbrunnen oder Geysir. Darum muss der Weg ins Schweigen geübt werden und braucht unter Umständen am Anfang Begleitung und Stütze.

Es gibt in der Bibel eine außergewöhnliche Geschichte aus dem Leben Jesu. Sie gehört an den Anfang seines öffentlichen Wirkens. Genauer geht es sogar um die Voraussetzung seines Wirkens. Jesus war ja gewissermaßen ein Vulkanausbruch an schöpferischer und heilender Kraft – und zwar aus seiner geheimnisvollen Gottesbeziehung heraus. Jedoch berichtet diese Geschichte, dass er vor Beginn seines Auftretens in der Öffentlichkeit vom Geist Gottes in die Wüste geführt und dort vom Satan versucht wurde. Er sei dort bei den wilden Tieren gewesen und die Engel Gottes hätten ihm gedient, so heißt es im Markusevangelium, Kapitel 1.

Dies ist eine faszinierende Geschichte, die sagt, warum der Weg in die Wüste die Voraussetzung schöpferischer Lebensentfaltung ist (ich sehe hier einmal von den speziellen theologischen Aspekten der Geschichte ab). Wer zu seiner von Gott gegebenen Lebensenergie und inneren Berufungsgewissheit gelangen will, muss zuerst in die »Wüste«. Das ist der Ort der äußeren Schutz- und Wehrlosigkeit; der Ort, wo man auf sich selbst reduziert ist, wo man zugleich der transzendenten Wirklichkeit ausgesetzt ist, nämlich Satans, aber auch der Engel. Selbst Jesus musste zuerst in die Wüste, bevor er Wunder tun konnte.

Vielleicht haben Sie in einer beruflichen Situation auch einmal gedacht: hier hilft nur noch ein Wunder! Dann kann die Konsequenz nur lauten: ab in die Wüste!

Tiefenpsychologisch gesehen steht der Satan in dieser archaischen Erzählung aus dem Leben Jesu für alles, was negative Energie, Störung, Zweifel, Selbstzweifel, Berührung mit meinem »Schatten« (C. G. Jung) und meiner Unerlöstheit ist. Sich mit dieser inneren Wirklichkeit des Unbewussten konfrontiert zu sehen, kann wirklich bedeuten, »wilden Tieren« zu begegnen, die hier für das Verdrängte stehen. Wo man dieser inneren Wirklichkeit jedoch ansichtig geworden ist und sich ihr gestellt hat, werden Ängste und Lähmungen, unbewusste Verhaltensmuster und innere Festlegungen aufgebrochen. Erlösung findet statt, Ganz-Werdung, innere Erneuerung, Befreiung und Heilung. In der Jesusgeschichte wird das ausgedrückt mit den Worten: »... und die Engel dienten ihm.« Jesus kam in Berührung mit völlig neuen Kräften, mit dem Heiligen und Heilenden.

Zu solchen lebensverändernden Prozessen gewinne ich Zugang, wenn ich den Weg in die Stille bewusst wage und immer wieder betrete. Wenn ich also immer mehr zu einem Lauschenden werde, der es lernt, in sich selbst hineinzuhorchen, und dabei vielleicht zugleich mit der göttlichen Gegenwart in Berührung kommt.

## Üben, wirklich zuzuhören

Zuhören können die wenigsten. Zum Sprechen braucht man niemanden zu überreden. Sprechen ist lustvoller Selbstbezug ..., deshalb drängt es die meisten zum Sprechen. Zum Zuhören drängt es kaum einen, im Gegenteil ... Zuhören (ist) für viele die tote Zeit zwischen zwei eigenen Redebeiträgen ... wir haben die Kusnt des Zuhörens in einem solchen Maße verlernt, dass jemand, der tatsächlich zuzuhören vermag, ruhig, entspannt, konzentriert, vielleicht sogar begierig zuzuhören vermag, fast wie ein Fabeltier bestaunt wird. Dabei ist Zuhörenkönnen eine Fähigkeit von fast magischer Kraft ... Zuhören ist die Kunst, durch das eigene Schweigen seinem Gesprächspartner auf die Sprünge zu helfen. Gekonntes Zuhören stimuliert, regt den anderen zum Sprechen, und mehr noch, zum Denken an, es befreit Zunge und Gehirn. Zuhören ist oftmals der größte Dienst, den man einem Menschen erweisen kann.

NOTKER WOLF[40]

Wir alle schätzen es, wenn uns Aufmerksamkeit entgegengebracht wird. Dies gilt in besonderem Maße, wenn eine Führungsperson oder ein Vorgesetzter uns aufmerksam zuhört. Solche Aufmerksamkeit gibt uns das Gefühl, einen Namen, ein Gesicht zu haben und damit angesehen zu sein. Jeder Mensch möchte in seiner Einmaligkeit anerkannt werden.

Wenn wir nun selbst in der Rolle sind, einem Mitarbeiter Aufmerksamkeit zu schenken, dann stellt sich die Frage, was das konkret bedeutet und wie wir uns darin selbst trainieren können. Denn wir kennen nur allzu gut die Gefahr, dass bei uns, während wir jemandem rein äußerlich zuhören, mehrere Filme gleichzeitig ablaufen: wir haben die Uhr im Blick, weil gleich ein wichtiger Sitzungstermin ansteht und uns siedendheiß einfällt,

---

40 Abtprimas Notker Wolf, Schwester Enrica Rosanna, *Die Kunst, Menschen zu führen*, Seite 123f.

dass wir einen wichtigen Vorgang dafür noch nicht durchgesehen haben. Wir sind abgelenkt, weil unser Gesprächspartner sich dauernd räuspert oder mit den Fingern gegen die Tischkante klopft. Wir überlegen bereits, was wir gleich sagen und wie wir am geschicktesten argumentieren können.

Während wir uns auf etwas Bestimmtes konzentrieren, laufen andere gedankliche, emotionale oder sonstige psychische Prozesse im Hintergrund weiter und sind uns dann nicht mehr bewusst. »Multitasking« ist also in einem gewissen Umfang möglich, aber eben doch nur begrenzt. Neuropsychologisch gesehen, orientiert sich unser Arbeitsspeicher dabei daran, was uns wichtig ist.

Für das aktive Zuhören, wodurch ich meinem Gesprächspartner meine Aufmerksamkeit schenke, ist es hilfreich, wenn man zumindest immer wieder ganz bewusst folgende Grundsätze befolgt und sie tatsächlich so übt, dass das Gehirn, also die aktivierten neuronalen Schaltkreise, sich meine Absicht merkt. Allem voran geht es dabei um den inneren Befehl:

- *Nicht schon über die Antwort nachdenken, während mein Gegenüber noch spricht.*
  Diesen Grundsatz habe ich nie ein für allemal verinnerlicht. Aber ich kann mich selbst während des Gesprächs von Zeit zu Zeit bewusst daran erinnern.

- *Meinen Gesprächspartner beim Zuhören mit seiner ganzen Körpersprache wahrnehmen.*
  Dieses »Beobachten« ist kein Hinterhalt, sondern lässt mich mehr hören und verstehen, als die Worte meines Gegenübers als solche vermitteln. Der ganze Körper eines Menschen – seine Haltung, die Stimmlage, die Mimik usw. – ist ein Dolmetscher für die eigentliche Botschaft.

- *Insbesondere ist es die Kunst des Fragens, wodurch ich mich im aktiven Zuhören übe und zugleich Wertschätzung zeige.*

D ie *Eigenart des* Dringlichen,
*das uns unter Druck setzt,*
*hindert uns oft daran,*
*uns dem* Wichtigen *zuzuwenden.*
*Als Behutsamkeit bezeichne ich*
*die harmonische Verbindung*
*zwischen dem Dringlichen und dem*
*Wichtigen.*
*Die Kunst, die Dringlichkeit*
*mit der Wichtigkeit zu kombinieren,*
*ist einer der Grundzüge der Weisheit.*

RAIMON PANIKKAR

## 11. KAPITEL

## Im Hier und Jetzt leben

Im Heute leben zu lernen, ist eine der wichtigsten Lebenslektionen. Sie stellt sich jedem und jeder in gleicher Weise, und sie ist für uns alle gleichermaßen schwer. Unser Gehirn hat bereits große Mühe damit, die Gedanken auf einen Punkt zu sammeln, auf das Jetzt und Hier. Meist turnen sie in allen erdenklichen Gefilden wie herumflatternde Fledermäuse.

Es fällt auf, dass das Leben im Heute geradezu ein Grundthema in allen großen spirituellen Traditionen im Osten wie im Westen ist. Das muss Gründe haben; offenbar geht es um ein zwar schwieriges, aber entscheidendes Stück Lebenskunst. Die großen Meister sagen: Hänge nicht in der Vergangenheit herum und flüchte nicht ins Morgen – denn weder über die Vergangenheit noch über die Zukunft kannst du im mindesten verfügen! Das Vergangene entzieht sich unserer nachträglichen Beeinflussung; und das Zukünftige ist für unsere vielen Wünsche wie auch unsere vielen Sorgen stocktaub.

Um Missverständnisse zu vermeiden: Es geht nicht darum, dass die Vergangenheit gleichgültig wäre. Sie ist unser Wurzelboden und sie ist auch unser Schatz (so gut wie unsere Last); sie ist die Ernte, mit der unsere Scheune einmal gefüllt sein wird; und sie ist das Bewährte, das Bestandene und Überstandene, das unserem Leben Tiefgang gibt. Und auch die Zukunft ist alles andere als gleichgültig. Heute wissen wir wieder mehr davon, wie wichtig die Verantwortung dafür ist, welches Erbe wir unseren Kindern und Kindeskindern hinterlassen. Die Zukunft ist der Horizont, der nötig ist, um im Leben aufzustehen und aufzubrechen. Und ein Leben ohne Träume kann ein Leben wie aus kalter Asche sein. – So ist es also nicht gemeint mit der Spiritualität des Gegenwärtigseins.

Sondern es geht darum, eine andere Wahrnehmung der Zeit, mehr noch: ein anderes Dasein in der Zeit zu lernen. Wir sind – zumindest in unserer Kultur – beinahe völlig bestimmt von einem *linearen Zeitbegriff*. Danach ist unsere Lebenszeit wie ein Pfeil, der bei unserer Geburt auf die Sehne gelegt und abgeschossen wurde und nun gerade auf sein Ziel zufliegt, und dieses Ziel ist unser Ende, unser Sterben. Es ist die allgemeine Erfahrung, dass dieser Pfeil immer schneller fliegt, je mehr er sich dem Ende nähert. Überall, wo die Technik die Kultur bestimmt, haben wir dieses Problem: Die Technik braucht den Takt, das Ticken der Uhren und Stechuhren.

Diese lineare, technische Zeit ist immer die ablaufende Zeit. Und zum Wesen dieser Zeit gehört, dass sie bestimmt ist vom Grundgefühl der Angst. In dieser Art von Zeit fragt man sich ständig: Wie viel Zeit habe ich noch? Die lineare Zeit ist eine Schöpfung des Todes. Und man weiß, dass man immer der Unterlegene sein wird.

Die lineare Zeit macht darüber hinaus aus Geschwistern innerhalb der Menschheitsfamilie oftmals aggressive Konkurrenten, denn jeder will auf seine Kosten kommen, wenn er denn schon dem Ende entgegen fliegt.

Die lineare Zeit ist Teil des menschlichen Bewusstseins. Tiere kennen das nicht. Tiere wissen nicht, dass sie sterben müssen. Glücklich, ein Hase oder Huhn zu sein!

Es gibt aber noch eine andere Schwierigkeit mit diesem sausenden Pfeil: Man kann ihm gar keine Gegenwart, gar kein Heute zuordnen, weil man ihn nicht festhalten kann. – Wir haben einmal im Urlaub in den französischen Alpen ein Stück der *Tour de France* erlebt: Da stehst du eine Stunde vorher am Straßenrand, um dir ein Plätzchen zu erobern, wo du etwas sehen kannst, und dann kommen die ersten Rennfahrer hinten um eine Kurve mit über 40 Stundenkilometern, kurz darauf das Hauptfeld, und du hast dich noch nicht umgesehen, da ist der ganze Spuk vorbei und du denkst: Das kann es doch irgendwie nicht gewesen sein! Erst wartet man – dann schaut man hinterher. Wo war jetzt eigentlich die Gegenwart?!

In der linearen Zeit ist das Heute ein mathematischer Punkt ohne jede Ausdehnung; du kriegst ihn gar nicht zu fassen, du kriegst ihn immer erst mit, wenn er vorbei ist.

Aber es gibt eben noch eine andere Zeit. Und die sollen und dürfen wir lernen. Das ist nicht der fliegende Pfeil Richtung Ende. Sondern das ist die *Zeit als Gelegenheit*. Es ist nicht die Zeit, die immer nur am Vergehen ist, sondern die Zeit, die buchstäblich »in etwas besteht«. Also nicht die Zeit als leeres Gefäß, sondern als Inhalt des Gefäßes. Es ist die Zeit als Gelegenheit für etwas ganz Bestimmtes, das jetzt stattfinden soll. Diese Zeit gleicht einem gezähmten Vogel, der sich freiwillig in die geöffnete Handfläche setzt und sich streicheln lässt. Dafür braucht es bestimmte Gestaltungsformen. Denn immer dann, wenn wir keine Gestaltung kennen, keine lebbare Form, sind wir hilflos und wehrlos.

- Die erste Lebensform der erfüllten, inhaltlich gefüllten Zeit ist das *Fest*. Feste sind wie die Türstopper bei einer Tür, die immer von selbst ins Schloss fallen will. Ein Ereignis feiern, die großen Geschichten von Gottes Heil feiern, Sternstunden des Lebens feiern – das ist, als wenn kein Pfeil fliegt, sondern der Vogel sich auf die Hand setzt und still hält. Feste halten die Zeit fest. Am wichtigsten sind die Feste, die sich wiederholen, besonders im Kirchenjahr: indem sie sich wiederholen, holen sie etwas wieder. Sie verdoppeln und verdreifachen und vervielfältigen die einmalige Zeit, indem sie das Vergangene (die Auferstehung Christi, seine Menschwerdung, die Ausgießung des Heiligen Geistes usw.) wieder holen.

- Das Zweite sind *Rituale*. Rituale des Lebens, ganz kleine und große und bewusst ausgestaltete – solche Rituale lassen das Leben als Gegenwart erfahrbar werden. Die guten, schönen Rituale einer bewussten Lebenskunst machen aus einem Haufen Getreidekörner duftendes und sättigendes Brot.

- Das Dritte ist das *sinnvolle Tun*. Im Heute zu leben heißt: Trotze deinem Alltagstun Sinn ab! Und das tut keiner für dich; das kannst du nur selbst tun. Sei kein Zeitmanager, sondern Sinnschöpfer. Du bestimmst, ob etwas Sinn gewinnt oder nicht. Und dabei trachte tunlichst nicht nach dem Außergewöhnlichen, sondern verleihe dem ganz Alltäglichen und scheinbar Banalen Sinn, hauche deinem Alltag Sinn ein.

- Das Vierte ist der *Mut zur Leere*. Nämlich zu sagen: Ich beschließe, dass nichts anliegt. Jetzt ist Zeit für nichts. Normalerweise sagt man: »Für nichts ist Zeit!« Aber es braucht nur eine andere Betonung: Jetzt ist Zeit für nichts. Zum Beispiel am Ende des Tages eine halbe Stunde still im Sessel – oder im Sommer draußen auf der Terrasse – sitzen und nichts tun; nicht einmal in Gedanken etwas »erledigen«. Wissen Sie, was in dem Augenblick geschieht, wo man diese Entscheidung trifft? Dann ist nicht mehr die Zeit das leere Gefäß, das mit irgendetwas gefüllt werden muss, sondern ich selbst werde zum leeren Gefäß. Und erst dann spüre ich etwas von der Gnade des Daseins, von der Gnade, leben zu dürfen. Ich habe unendliches Glück gehabt, dass es mich gibt. Es hätte nicht viel gefehlt und es hätte mich gar nicht gegeben! Die Evolution beinhaltet eine Billion Gründe, dass es mich eigentlich gar nicht gegeben hätte. – Habe ich Glück gehabt! Es gibt mich! – So etwas (es handelt sich hierbei um eine mystische Urerfahrung) erlebt man nur, wenn man sich mit dem Leerwerden und dem puren Da-Sein anfreundet.

- Das Fünfte ist, dass auch die *schweren Zeiten* durchwandert werden als *eigentliche* Zeiten. Schon eine schwere Grippe oder die Rekonvaleszenz nach einem Unfall oder die schmerzreiche Zeit nach einer Trennung, einem Verlust oder einem Scheitern können Zeiten sein, von denen die Bibel sagt: »Denn der HERR, dein Gott, hat dich in all deinem Tun gesegnet; er hat acht gegeben auf deine Wanderung durch diese große Wüste« (5. Mose 2,7). Dunkle Zeiten können auf eine geheimnisvolle Weise auch herzliche Zeiten sein.

Im Heute zu leben, ist niemandem in die Wiege gelegt, sondern das Ergebnis eines langen, harten Übens. Ganz gleich, ob man einen Zen-Meister befragt oder einen der christlichen Wüstenväter, einen mittelalterlichen oder einen modernen Mystiker wie Dag Hammarskjöld oder Anthony de Mello – alle sagen: Im Heute zu sein, bedarf konzentrierter und ständiger Übung. Es sind Meditationsübungen, Körperübungen, Atemübungen, Konzentrationsübungen, Schweigeübungen nötig – und manchmal auch ein erfahrener Begleiter, um es zu lernen.[41]

In einem Buch über Milton H. Erickson, einen der kreativsten Erneuerer der Psychotherapie, wird Ericksons Ehefrau Elisabeth Erickson zitiert:

---

41  Siehe auch Eckhart Tolle, *Leben im Jetzt. Lehren, Übungen und Meditationen aus »The power of now.«* Goldmann, München 2002.
   Eckhart Tolle, *Jetzt! Die Kraft der Gegenwart. Ein Leitfaden zum spirituellen Erwachen.* Kamphausen, Bielefeld 2008[20].

»Milton und ich wussten, dass es die Kleinigkeiten sind, die das menschliche Leben ausmachen. Wir hatten uns ganz bewusst vorgenommen, uns viele dieser Situationen immer wieder in Erinnerung zu rufen und von diesen kleinen Dingen des Lebens zu profitieren – diesen Dingen, die die Lebensweise repräsentierten, die wir unseren Kindern vermitteln wollten. Es brauchten keine großartigen Ereignisse zu sein, nur bedeutungsvoll mussten sie sein – Erlebnisse, die jedem zu jeder Zeit widerfahren konnten.«

Die Verfasser schreiben weiter:

Elisabeth Erickson wusste, dass jeder noch so kleine Moment als Mikro-Lebenssituation eine potenzielle Bereicherung für die menschliche Erfahrung darstellen konnte. Sie erzählt in diesem Zusammenhang von einer Begebenheit mit dem geistig behinderten Sohn des Lebensmittelhändlers aus der Nachbarschaft, die sich über Jahre hinweg wiederholt hatte. Der Laden lag direkt an einem See. Jedes Mal, wenn die Ericksons mit ihrem Einkauf dort fertig waren, unterhielten sie sich noch mit dem Jungen. Diese Gespräche endeten immer mit denselben Worten: »Ist der See nicht wunderschön?« Obwohl der junge Mann diesen See an jedem Tag seines bisherigen Lebens gesehen hatte, betrachtete er ihn täglich aufs Neue mit offenen Augen für das Wunder der Schönheit, die der See für ihn in jedem Augenblick verkörperte.[42]

---

42 Dan Short, Claudia Weinspach, *Hoffnung und Resilienz. Therapeutische Strategien von Milton H. Erickson.* Carl Auer, Heidelberg 2007, Seite 39.

B esser eine Handvoll mit Ruhe
als beide Fäuste voll mit Mühe
und Haschen nach Wind.

KOHELET, KAPITEL 4, VERS 6


W er Klugheit erwirbt, liebt sein Leben;
und der Verständige findet Gutes.

KOHELET, KAPITEL 19, VERS 8


W er auf seinen Weg achtet,
bewahrt sein Leben.

PROVERBIEN, KAPITEL 16, VERS 17

12. KAPITEL

# Charme und Schönheit
# des Alltäglichen

## Dankbarkeit, Weisheit und Achtsamkeit

In diesem Kapitel geht es in grundsätzlicher Hinsicht um den Zusammenhang von Dankbarkeit, Weisheit und Achtsamkeit – diese drei Lebenshaltungen, bezogen auf den Alltag. Manchmal weiß man nicht, ob Dankbarkeit eine Frucht der Weisheit ist oder Weisheit eine Frucht der Dankbarkeit; beide gemeinsam aber bringen die Achtsamkeit hervor. Und wenn wir nun über den Segen des Alltags, über den Charme und die Schönheit des Alltäglichen sprechen, dann geht es um diese drei Tugenden: die Weisheit, die Dankbarkeit und die Achtsamkeit.

Kennen Sie die Erfahrung, dass man auf dem Heimweg aus dem Urlaub ist – vielleicht hat die Maschine soeben zum Landeanflug angesetzt –, und man freut sich! Wieder auf den Boden kommen, zum Vertrauten, Heimatlichen, Normalen. Es ist gut, dass Höhenflüge auch ein Ende haben.

Erst recht kennen wir diese Erfahrung bei einem Krankenhausaufenthalt sowie immer dann, wenn wir uns unfreiwillig für längere Zeit an einem Ort aufhalten müssen, der nicht unser Zuhause ist. Wir sprechen von Heimweh – und vermissen dabei sowohl unsere tragenden und bergenden Beziehungen wie den vertrauten Ort, unseren »eigenen Platz auf der Erde«. Dann erscheint uns der vertraute heimatliche und häusliche Alltag als lebens- und erstrebenswert, und wir sehnen uns nach ihm. Wir wären mit so Wenigem zufrieden, wenn wir nur zu Hause sein könnten und »der Alltag uns wieder hätte«! Zu Hause angekommen, möchten wir diesen Alltag dann viel dankbarer und bewusster gestalten als bisher. Wir haben ihn neu schätzen gelernt.

Eine eigentümliche Erfahrung, die verwundert, weil sie in einer deutlichen Spannung steht zu den gerne geäußerten Sätzen, in denen der Alltag im Allgemeinen oft so schlecht weg kommt wie der Montagmorgen im Besonderen. Ist der vorher ersehnte Alltag wieder da, wird er zunehmend in ein schlechtes Licht gestellt. Alltag eben. »Wie geht's?« – »Es muss.«

Aus der Sicht biblischer Weisheit sind wir Menschen jedoch nicht Weise, sondern Toren, wenn wir das, was am häufigsten stattfindet, zum schlechteren Teil des Lebens erklären. Denn meistens ist Alltag.

Ist es nicht merkwürdig, dass selbst Jesus der armen Landbevölkerung, dem einfachen Volk in Galiläa, nichts bot oder versprach, was jenseits ihres Alltags lag? Er hat sie immer zurückgeschickt in ihren Alltag. Und gesagt: Da wohnt Gott. Schmückt ihm euer Herz und Haus. Ihr werdet lernen, dass mit wenigem viel möglich ist. Schon ein wiedergefundener Groschen oder ein wiedergefundenes Schaf reichen zum Feiern.

### Lebenskunst bei abnehmendem Wohlstand

Die Frage nach alltäglicher Lebensfreude erhält zusätzliches Gewicht durch die Prognose des sinkenden Wohlstandes in den Industrienationen. Der Unternehmensberater Klaus Doppler meint, dass »die tiefgreifenden Verschiebungen im Gefüge der Weltwirtschaft ... nur durch ein markantes Absinken unseres

Lebensstandards aufgefangen werden können.«[43] Notker Wolf sieht »einen globalen Wettlauf auf uns zukommen, der uns aus allen Träumen reißen wird. Im globalen Dorf der absehbaren Zukunft wird ein gnadenloser Wettbewerb herrschen. Unsere wirtschaftliche Vormachtstellung wird nicht zu halten sein ... auf jeden Fall werden wir, auch in Deutschland, die Erfahrung machen, dass keiner einen Anspruch darauf hat, verschont zu werden ..., dass keine Macht der Welt unseren Wohlstand mehr zu garantieren vermag.«[44]

Bescheidenheit wird damit zu einer Bedingung echter Lebenskunst. Dabei braucht es eine Bescheidenheit, die die Erfahrung von Sinn zugleich ermöglicht und hervorbringt. Das Normale wird dabei wichtiger als das Besondere, das Tagtägliche bedeutsamer als die Ausnahmen. Anspruchslosigkeit in Verbindung mit Einfallsreichtum können dem Normalen und Alltäglichen viel Lebensqualität abtrotzen. Frère Roger, der Gründer der ökumenischen Gemeinschaft von Taizé, wies immer wieder darauf hin, dass das Wenige – »geringer Glaube und wenig Besitz« – zur Fülle wird, sobald es nicht Gegenstand der Sorge, sondern vielmehr des Teilens ist.[45]

### Dankbarkeit in kleinen Dingen

Charme und Schönheit des Alltäglichen, das ist zu allererst die hohe Lebenskunst der Dankbarkeit in kleinen Dingen. Dazu ließe sich ein ganzes »Übungsbuch« schreiben. Ich beschränke

---

43  Klaus Doppler, *Change Management. Den Unternehmenswandel gestalten.* Campus, Frankfurt/New York 2005[11], Seite 36.

44  Notker Wolf, *Worauf warten wir? Ketzerische Gedanken zu Deutschland.* Rowohlt, Reinbek 2006, Seite 167.

45  Frère Roger, *Jeder Tag ein Heute Gottes. Ein Jahresbegleitbuch.* Herder, Freiburg 1993[2], Seite 135.

mich auf ein Beispiel aus unserem Alltagserleben: den Wocheneinkauf.

Die meisten Menschen hierzulande – zumindest Familien oder Lebensgemeinschaften – machen einen größeren
Wocheneinkauf oder einen Großeinkauf alle paar Wochen,
einfach aus Gründen der Zweckmäßigkeit. Da packt man dann
einen Wäschekorb in den Kofferraum und fährt vielleicht zur
Filiale einer günstigen Ladenkette.

Ich empfinde bei einem solchen Einkauf immer neues Staunen und Dankbarkeit. Es hat keine Generation in der Mensch-
heitsgeschichte gegeben, die aus einer solchen Fülle schöpfen
konnte, inklusive vielfältigster Köstlichkeiten aus aller Herren
Länder. Auch Sozialhilfeempfänger sind trotz aller Einschrän-
kungen hierzulande von solchem Segen nicht rundweg ausgeschlossen.

Gleichzeitig ist im Jahr 2008 die Zahl der Hungernden weltweit um 100 Millionen auf über eine Milliarde gestiegen. Jeder
sechste Weltbürger kann von solchen paradiesischen Verhält-
nissen nicht einmal träumen.

Meine Dankbarkeit braucht jedoch angesichts dieser Welt-
situation einen Oberton, um nicht naiv oder unkritisch zu sein,
als habe der liebe Gott mir diesen Segen ganz speziell zuge-
dacht, während er ihn anderen offenbar vorenthalte. Dieser
Oberton heißt Demut. Der Segen des Alltags in Gestalt eines
vollen Einkaufskorbes fragt nach dankbarer Demut und demü-
tigem Dank.

### Das eigene Leben bewohnen

Der Charme und die Schönheit des Alltäglichen haben nun
aber auch noch mit einem ganz anderen Aspekt zu tun: mit der
Dimension der Vertrautheit, der Vorhersehbarkeit und der Sta-
bilität.

Auf den ersten Seiten der Bibel – in der Geschichte von Kain
und Abel – wird erzählt, dass sich unmittelbar nach dem »Sün-
denfall« ein Fluch in der Welt bemerkbar macht, der in Ruhe-

losigkeit und Rastlosigkeit besteht. Nirgendwo ist Kain mehr zuhause, immer ist er in Bewegung, sein Leben hat aufgehört, bewohnbar zu sein. In der Urgeschichte ist das die unmittelbare Folge fehlender Gottverbundenheit. Wie sehr trägt unsere Gesellschaft die Kains-Signatur – und wie viele machen freiwillig mit beim großen Herumrennen, »beide Fäuste voll mit Mühe und Haschen nach Wind«! Es ist das Sich-Verlieren im Unterhaltsamen, in der Abwechslung, im Erlebnisstress. Steigerung braucht Steigerung. Das ist der Fluch.

Der gottverbundene Alltag hingegen lässt den Menschen wieder in seinem eigenen Leben Platz nehmen und macht das Leben wieder bewohnbar.

In der Ordensgemeinschaft der Zisterzienser gehört die *stabilitas loci,* die Ortsgebundenheit, zum Fundament des spirituellen Lebens. Es geht darum, sich zu »erden« und den eigenen Ort zu finden. Und das bedeutet mehr als den Wohnort, nämlich das Bewohnen des eigenen Alltags und die Beheimatung im eigenen Dasein. Es gibt die eigentümliche Schönheit einer verlässlichen Form, einer guten Ordnung und eines eingeübten Rhythmus.

Die Weisheit sagt: »Wer Klugheit erwirbt, liebt sein Leben; und der Verständige findet Gutes.« Wer sein Leben lieben und liebevoll gestalten will, muss zuvor Freundschaft mit sich selbst geschlossen haben, muss also sich selbst als »bewohnbar« erleben. Erst aus der Freundschaft mit sich selbst erwächst die Freude an der Daseinsgestaltung. Wenn der Kluge und Weise nach Auskunft alttestamentlicher Weisheit sein Leben liebt, dann müssen die beiden Fragen: »Was bin ich mir wert?« und »Was ist mir der Alltag wert?« zu einem Zwillingspaar werden.

Kann es sein, dass es eine Verherrlichung Gottes gibt, die in der Kunst besteht, das Leben überhaupt erst zu einer Wohnstatt zu machen, dem Leben einen stillen Glanz zu verleihen und mit dem Alltag so liebevoll gestaltend und formend umzugehen, wie das ein Kunsthandwerker bei seiner Arbeit tut? Jede

Trennung in profan und religiös ist damit in Frage gestellt. Das Weltlichste und Alltäglichste kann durchaus »gottvoll« werden.

### Der Langeweile das Handwerk legen

Ich selbst kenne Langeweile fast nur vom Hörensagen. Mit einer einzigen kleinen Ausnahme ist mir Langeweile völlig fremd. Diese Ausnahme ist das Warten-Müssen beim Arzt oder bei einer Behörde, auch wenn ich dort vielleicht in Zeitschriften blättere oder mir ein gutes Buch von zu Hause mitnehme. Warum das so ist, weiß ich nicht genau. Wahrscheinlich hängt die Wartezimmer-Langeweile damit zusammen, dass man das Ganze einfach möglichst schnell hinter sich bringen möchte.

Viele Menschen haben wenig Freude am Alltag, weil sich in ihm Langeweile einstellt. Was für die einen die Freude der Ruhe und Entspannung, der Entschleunigung und Behaglichkeit ist, ist für andere öde und leer, weil »nichts los« ist. Für sie ist Langeweile erst dort abwesend, wo etwas passiert. Aktion, Betätigung, Erlebnis, Abwechslung und Zerstreuung – damit soll die Langeweile, das große Gähnen vertrieben werden. Genau das ist eine der Lebens- und Alltagsfallen, die Menschen sich selbst bauen und in die sie dann berechenbar und treffsicher hineintappen. Es handelt sich um einen Mangel sowohl an spiritueller Kreativität wie an wirklicher »Präsenz im Leben«.

Langeweile stellt sich dort ein, wo ich in meinem Leben gar nicht wirklich präsent, nicht »federführend anwesend« bin. Ich gebe die Regie ab an die beiden beliebten Animateure namens »Arbeit« und »Erlebnis« (bzw. »Abwechslung«). Sobald ich sozusagen nur alleine da bin, alleine mit mir, ohne Arbeit und ohne Erlebnis, treffe ich mich gar nicht an – oder aber ich treffe mich in einer Weise an, wie ich mich absolut nicht mag, wie ich mit mir selbst einfach nicht klar komme und wie ich mich nur schlecht aushalte. Immer dann stimmt etwas »innen drin« nicht. Wenn man sich aber langweilt, sobald weder die Pflicht ruft noch das Unterhaltsame lockt, findet man sich selbst offenbar ausgesprochen langweilig. Ein Mensch, der sich selbst langweilig findet, der sich also langweilt, ist ein bedauernswerter Tropf und ein leerer Eimer. Wobei »leerer Eimer« auch etwas Wunderbares sein könnte: Leer werden ist die Voraussetzung von Erfüllung – eine uralte spirituelle Weisheit. Der sich selbst langweilende Mensch ist aber ein leerer Eimer, der zu allem Überfluss auch noch umgestülpt ist – wobei »zu allem Überfluss« dann freilich heißt: den wirklichen Überfluss innerer Daseinsfreude verhindernd.

In solchen Fällen rate ich Menschen zu einer einfachen, aber strengen Übung. Ich lade sie ein, immer dann, wenn »nichts anliegt oder nichts passiert« und diese Situation »wie zum Weglaufen« erlebt wird, sich für mindestens eine halbe Stunde auf einen Stuhl zu setzen, in aufrechter, achtsamer Haltung – ohne Radio, ohne Fernseher –, auf ihren Atem zu achten, von außen nach innen zu gehen, vielleicht dabei die Augen zu schließen – und sich ihrem »puren Dasein« zuzuwenden. Nicht weglaufen, sich möglichst nicht bewegen, nicht rumzappeln – sondern diese dreißig oder vielleicht sogar (für Fortgeschrittene!) sechzig Minuten als Entdeckung einer Kostbarkeit, als wirkliches, sinnvoll gelebtes Leben zu begreifen. »Ich bin da« – nichts fehlt! Ich kehre ein bei mir, beim Leben selbst. Ich setze mich einfach still hin und ... komme nach Hause. Ich werde mir selbst zur Heimat, zu einem geliebten und liebenswerten Platz im Universum.

Ist es nicht eigentümlich, dass die großen mystischen Traditionen und alle spirituellen Meister sagen: Wo das geübt wird, mit Ausdauer und innerer Bejahung, wird man am Ende nicht mit sich selbst alleine und schon gar nicht an sich ausgeliefert sein, sondern wie in Gott selbst zur Ruhe kommen. Wo ein Mensch zu sich selbst kommt, kommt letztlich Gott bei ihm an und kehrt bei ihm ein. Wo ein Mensch inne- und stille hält, tritt er in die Gegenwart Gottes ein.

Das mag die Langeweile gar nicht; von einem solchen Ort entfernt sie sich schleunigst. Es versetzt ihr den Todesstoß, wenn sie mitbekommt: Für einen Menschen, der in der Lage ist, dort Einkehr zu halten, wo gar nichts los ist, hat soeben ein Fest begonnen. Wo er endlich bei sich ist, ist er außer sich vor Freude und Daseinsvergnügen.

Man muss es nur üben. Einen Stuhl hat ja jeder zu Hause!

### Wenn aber der Alltag weh tut ...

Hat aber die Lebenskunst, im Alltag präsent zu sein und ihm eine festliche Dimension abzugewinnen, nicht dort ihre Grenze, wo sich Leid oder Krankheit oder ein schwieriges Schicksal einstellen, irgendetwas, das man sich nicht gewünscht hat, das belastend ist, schmerzvoll und mühselig?

»Mühselig« – wieso steckt darin das Wort selig? – Weil es Wege gibt, das Leben trotz leidvoller Tage und saurer Jahre bejahbar zu gestalten. Wenn sich das Widrige einstellt, muss man manchmal regelrecht ein wenig »feierlich« werden. Wir wissen alle, was das bedeutet, denn wir haben es als Kinder immer dann erlebt, wenn wir Mumps oder Masern oder auch nur eine dicke Grippe hatten: Auf einmal kamen wir in den Genuss schöner Dinge, die es sonst nicht gab. Wir durften mitten am Tag Radio hören, bekamen Plätzchen und heißen Tee und kalte Wickel und Besuch und vielleicht wurde uns etwas vorgelesen. Und wir hatten schulfrei!

Weisheit heißt – damit haben wir uns bereits beschäftigt –, auf das zurückzugreifen, was wir schon als Kinder gelernt haben. Und immer, wenn schwere Tage kommen, muss man wieder lernen, feierlich mit dem Leben umzugehen, wo das Leben jetzt gerade dermaßen zerbrechlich und empfindlich ist! Dazu gehört, sich von allem Ballast, auch Terminballast, so weit wie eben möglich zu trennen. Wenn das Leben weh tut, dann muss man es freiräumen und durchlüften, dann muss Helligkeit hinein und Zeit und Pufferzonen. Viele Menschen erfahren ihr Leben deshalb als unbewohnbar, weil sie sich chronisch überfordern.

Jemand, der dunkle Jahre zu bestehen hatte, erzählte mir, während seiner Arbeitslosigkeit und eines längeren psychotherapeutischen Klinikaufenthaltes habe er, trotz Depression und Zukunftsangst, jeden Tag in derselben Weise zu formen, zu gestalten versucht wie die stillen Tage in einem Kloster oder einem spirituellen Einkehrhaus, die er in den Jahren zuvor verbracht hatte. Mit viel Ruhe, langen Spaziergängen, Tagebuchschreiben, stillem Dasitzen und viel körperlicher Bewegung. So habe es selbst in schwermütigsten Augenblicken noch einen Rest von Gestalt und Halt gegeben.

Es gibt den krankmachenden Alltag, zu dem es freilich selten ohne unsere Mitverantwortung kommt. Aber es gibt auch das ganz normale Krankwerden, wofür ein eigentümlicher Ausdruck in der deutschen Sprache uns rät, »krank zu feiern«. Diese Weisheit lässt sich schlecht beziehen auf schwerste Krankheiten, Krisen oder wirkliche Horrorerfahrungen, das wäre zynisch. Aber für das Maß an Leiden, das in der einen oder anderen Weise eben auch zum Alltag gehört, lässt sich eine Spur finden, sich mit dem Unangenehmen zu arrangieren durch Nachgeben und Einwilligen, um gerade dann kleine Wohltaten herbeizurufen und mit ihrer Hilfe dem Unvermeidlichen zu trotzen.

Bleibt eine letzte Frage: Was bewahrt die hier ausgesprochenen Gedanken und diese Lebenshaltung davor, hoffnungslos spießig zu sein; uneingedenk der Leidenden und Armen; unpolitisch, unsolidarisch, egoistisch und kleinkariert? Und sollte das Gesagte ernsthaft etwas sein, was man den eigenen Kindern mit auf den Weg geben kann oder worin Gotteserfahrungen möglich sind?

Die Antwort kann meines Erachtens nur lauten:

- Es geht hier um die Frage, ob Gott im Leben eines Menschen überhaupt angekommen ist und das Fest des Lebens beginnen darf.
- Ich bin es gerade den Armen schuldig, »alltagszufrieden« und »gottfroh« zu sein. Die Armen auf der Welt möchten

von uns nicht zu hören bekommen: »Wir sind zwar nicht arm; aber unser Leben ist ebenso unerfreulich!«

- Ich bin es meinen Kindern schuldig, so zu leben, dass es ein Finden gibt und nicht nur ein Suchen. Und dass der Segen nicht in irgendeinem Jenseits liegt – sei es das Jenseits von Urlaubsparadiesen oder das Jenseits maßloser Träume –, sondern im Hier und Jetzt und auf dem Erdboden, über den ich gehe.

- Ich bin es den Leidenden schuldig, in Tagen des eigenen Leidens dem Leben zugewandt zu bleiben, mir vielleicht Kerzen anzuzünden, Mozart zu hören und in Gott still zu sein.

- Und ich bin es Gott schuldig, mich an dem Kelch der Freude zu laben, der mit dem Dasein selbst gegeben ist, auch auf dem dornigen Acker der Welt – einfach, weil er selbst bei mir wohnen möchte.

Denn: »Wer auf seinen Weg achtet, bewahrt sein Leben ...«

U nd eine Frau sprach und sagte:
Erzähle uns vom Schmerz.
Und er sagte: Euer Schmerz ist das
Aufbrechen der Schale,
die euer Verstehen umschließt.
Ebenso wie der Stein des Pfirsichs aufbrechen
muss,
damit sein Herz sich in die Sonne erheben
kann,
müsst ihr den Schmerz erfahren.
Und könntet ihr in eurem Herzen das
Staunen
über die täglichen Wunder eures Lebens
wach halten,
erschiene euch euer Schmerz nicht weniger
wunderbar als eure Freude.
Und ihr würdet die Jahreszeiten eurer Seele
ebenso annehmen, wie ihr von jeher
die Jahreszeiten angenommen habt,
die über eure Felder ziehen.
Und ihr würdet die Winter eures Kummers
mit heiterer Gelassenheit durchwachen.

KHALIL GIBRAN

# 13. KAPITEL

# Weise mit Scheitern umgehen

## Gründe und Hintergründe des Scheiterns

In diesem Kapitel blicke ich dorthin, »wo es weh tut«, wie es manchmal in der Fußballsprache heißt. Scheitern tut weh.

Nun kann Scheitern sehr unterschiedliche Gründe haben, zum Beispiel kann es mit der Persönlichkeitsstruktur und den antrainierten unbewussten Handlungsmustern eines Menschen zusammenhängen. Etwa wenn jemand überzogene und unrealistische Ansprüche an sich selbst stellt. Er empfindet es bereits als persönliche Niederlage, wenn er statt der angepeilten 150 Prozent Leistung oder Erfolg »nur« 130 Prozent geschafft hat. Für ihn beginnt die Niederlage schon bei Platz zwei – mit der Begründung: wer das nicht so empfinde, dem fehle der Sinn für Hochleistungssport.[46]

Eine andere günstige Disposition für gründliches Scheitern ist das berühmte Peter-Prinzip, wonach jemand sich so lange

---

46  Ute Lauterbach, *Lässig scheitern. Das Erfolgsprogramm für Lebenskünstler.* Kösel, München 2007, Seite 22.

befördern lässt, bis er die Stufe seiner maximalen Inkompetenz erreicht hat. Warum macht jemand das? Was sind seine unbewussten Motive?

Ein dritter Ursprung sind Handlungsmuster auf Grund von Allmachtsfantasien, die aus einer Störung des Selbstgefühls (oder Selbstwertgefühls) erwachsen.

Bei diesen drei eng miteinander verwandten Phänomenen geht es um eine nicht gezügelte Grandiosität, die eine Störung im Selbstwertgefühl verrät. In diesen Fällen ist Scheitern nicht nur wahrscheinlich, sondern man muss einer solchen Person um ihrer selbst willen manchmal geradezu wünschen, einmal zu scheitern, vielleicht sogar so, dass es richtig wehtut, weil anders oft keine Weiterentwicklung stattfindet.

Uwe Böschemeyer nennt das Reifungsverzögerungen. Solche Reifungsverzögerungen kann es auch bei 40- oder 50-Jährigen (und darüber hinaus!) geben, und sie können durchaus auf einem Vorstandssessel anzutreffen sein.

Diese eben angedeuteten unbewussten Dynamiken bedeuten, dass man das Scheitern sozusagen in sein Leben einlädt, ohne es zu wissen und zu wollen; dass man dem eigenen Scheitern vorweg sozusagen »ein Nest bereitet«.[47]

Selbstidealisierung, Realitätsverlust und Allmachtsfantasien sind letztendlich immer zerstörerisch – sowohl für den Betreffenden selbst wie für seine soziale Umgebung. Scheitern ist dann oft der einzige Weg zur Selbstbegegnung, zum Illusionsabbau und zu Reifungsprozessen.

Was eine gute Führungskraft von einer schlechten unterscheidet, ist unter anderem die Fähigkeit, an den eigenen Reifungsprozessen fortgesetzt zu arbeiten und sie bewusst zu gestalten.

---

47   Irmtraud Tarr, *Das Donald Duck Prinzip. Scheitern als Chance für ein neues Leben.* Gütersloher Verlagshaus, Gütersloh 2006, Seite 107.

**Vergossenes Herzblut**

Nun gibt es einen Unterschied zwischen Scheitern und Niederlagen.

Während Niederlagen noch unter die Rubrik des Misserfolgs und damit zum Normalbereich unserer Alltagserfahrung gehören, geht es beim Scheitern um etwas Gravierenderes: nämlich um schwer zu bewältigende Sockelstürze, sozusagen um »biografische Unfälle«. »Scheitern ... bedeutet, dass ein Ziel endgültig nicht mehr zu erreichen ist und daher aufgegeben werden muss.« Vom Scheitern »ist man als Person insgesamt betroffen«.[48] Und es kann um jeden denkbaren Lebensbereich gehen: um das Scheitern einer Beziehung, die man immer für felsenfest gehalten hat; um das Scheitern in der Erziehung der eigenen Kinder; um einen einmaligen gravierenden Fehler, wodurch zum Beispiel ein Flugzeugpilot heute sein Geld als Busfahrer verdienen muss; um das Scheitern an finanziellen Engpässen; um eine Insolvenz; um den Abbruch eines Studiums; oder auch um das tragische Scheitern, wo man etwa für einen Mitarbeiter, für seine Abteilung, für die Firma regelrechte Opfer gebracht hat und dann doch einer bestimmten Fehleinschätzung erlag, um am Ende selbst in die Wüste gejagt zu werden ...

In den letzten Jahren ist das Thema Scheitern im gesellschaftlichen Bewusstsein zum Glück etwas enttabuisiert worden. Das lässt sich an Buchveröffentlichungen ablesen, an Seminarthemen für Führungskräfte oder auch an der Ausgabe der Zeitschrift *brand eins* von Mai 2006 mit dem minimalistischen Heftthema »Ende«. Aber kaum darf man darüber reden, aus dem Versteck der Stigmatisierung, der Scham, der Isolation, der versteckten und verdeckten und verdrängten Gefühle ans Tageslicht treten, sich zeigen und die Morgenluft von mehr

---

48   Irmtraud Tarr, Seite 28.

Ehrlichkeit und Verständnis schnuppern – schon hat der Rat-gebermarkt hier ein neues Thema gefunden, das nach Strich und Faden platt gewalzt und trivialisiert wird: »Wer scheitert, hat mehr vom Leben!« »Die Voraussetzungen für das Scheitern werden immer besser.« »Wer nicht scheitert, ist selber schuld.« »Erfolgreich ist, wer viele Fehler hinkriegt.« »Das Scheitern ist viel interessanter als der Erfolg ... auf jeden Fall ist es sehr viel lustiger« (alles Zitate!).

Hier wird Scheitern zum neuesten Schrei, was eine zweite Demütigung derer ist, die den tiefen Schmerz des Scheiterns seelisch und sozial zu verarbeiten haben.

Und auch wenn es wahr ist, dass in jeder Krise eine Chance verborgen sein kann, ist es keineswegs leicht, den biografischen Meteoriten-Einschlag, die seelische Blessur oder das erlittene Trauma nur mal eben zu »reframen« und umzumünzen in einen neuen Kick-Off, als ginge es im Scheitern nur um einen Boxenstopp auf dem Nürburgring.

Das wäre nämlich in dieser Form nichts anderes als die ideo-logische Verblödungsmasche der »Positiv-Denken«-Gurus:

> »Und dann sagt er ihnen, sie seien in den Hühnerstall hin-eingeboren. Zu Hühnern habe man sie erzogen. Und er sagt ihnen, sie seien Adler, und sie schweigen und lauschen. Und der Hühnerstall, das sagt er ihnen nicht, ist die Gesellschaft, und Hühner sind schwach. Und die allermeisten Menschen seien Hühner, und du, sagt er ihnen, du schaffst alles, wenn du nur willst, DU, sagt er, DU kannst Adler werden! Und 1100 Adler jubeln. Der Redner heißt Jürgen Höller. Es ist Samstagnachmittag. Draußen regnet es.«[49]

---

49  Zitat aus: *Erfolgsgesellschaften locken Verzagte, Berufsmüde und Karrieresüchtige zu Tausenden auf ihre Motivationskongresse. Begegnungen mit den Predigern der Erschöpfungslehre,* unter der Überschrift: *Die Diktatur der Optimisten,* DIE ZEIT, 11.3.2008.

Nein: »Scheitern ... hat mit vergossenem Herzblut zu tun. Eine Brücke ist abgebrochen, ein Lebenskonzept eingestürzt, ein Stück Leben beendet ... Scheitern bringt die Seele in Not und schmerzt mitunter lebenslang, weil es die Erfahrung des Sterbens vorwegnimmt – aber eben bei lebendigem Leib«, so die einfühlsame und zutreffende Beschreibung von Irmtraud Tarr.[50]

Die Härte, die hier emotional zu bestehen ist, wird noch gesteigert erlebt, wenn das Scheitern zugleich mit dem Bewusstsein verbunden ist, schuldig geworden zu sein. Schuldbewusstsein kann dazu führen, dass man sich hineinbohrt in abgründige Selbstvorwürfe und über sich selbst sozusagen das Jüngste Gericht vollzieht. Noch schwieriger wird es, wenn man gar nicht die Wahl hatte zwischen Schuld und Unschuld (es gibt ja auch ein tragisch zu nennendes Schuldigwerden). Und schließlich treten zu Schuld und Scheitern oft auch noch Kränkungen, Rufmord und bitteres Unrecht hinzu. Solche Erfahrungen sind dann zu viel für die Seele und können lebenslange Narben hinterlassen.

*Jetzt sitzt du da.*
*Gelähmt.*
*Ausgehöhlt.*
*Zur Strecke gebracht.*
*Ein Nervenbündel.*
*Waidwund.*
*Du kannst nicht mehr essen.*
*Du kannst nicht mehr schlafen.*
*Gedankenkreisen ohne Punkt und Komma.*
*Man glaubt dir nicht.*
*Man geht dir aus dem Weg.*
*Man bewirft dich mit Besserwissereien wie mit Steinen.*
*Man schlägt dich mit ungebetenem Rat.*

---

50   Irmtraud Tarr, *Das Donald Duck Prinzip*, Seite 18.

*Du bist dir selbst ein Fremder.*
*Deine Seele blutet.*
*Deine Tränen sind gefroren.*
*Du bist nur noch verletzt.*
*Du möchtest nicht mehr leben.*
*Du kannst nicht mehr beten.*
*Du fühlst dich wie lebendig begraben ...*

Das ist die Tiefe der Erfahrung – und wir spüren: Jetzt an die Bearbeitung und Verarbeitung zu gehen, das ist sehr ähnlich den Stadien eines Trauerprozesses. Die innere Landschaft hat sich so verändert, dass nichts mehr ist, wie es war.

## Scheitern durchstehen und durcharbeiten

*Was ist dafür jetzt nötig?*

Erstens: Zeit, Zeit und nochmals Zeit! »Diese Gefühle brauchen ungestörte Erholungsräume.«[51] Auch der Hamburger Arzt Hans-Peter Unger schreibt: »Vor dem Neuanfang stehen der Schmerz, die Scham, der Ärger – kurzum: die Gefühle.« Denn immer gehe es um einen Verlust. »Verluste wollen betrauert werden, erst dann kann es im Leben weitergehen.«[52]

»Wo ein Weg endet, beginnt die andere Reise. Und dies ist eine Reise, die vielleicht nicht in der alten Kraft nach vorn drängt, sondern mehr in die Tiefe ... führt ... Es geht dabei um die Annäherung an sein inneres Wesen, um das, was die eigene Bestimmung sein könnte, und nicht mehr um die nach außen orientierte Profilierungshektik oder Überanpassung ... Die

---

51  Irmtraud Tarr, *Das Donald Duck Prinzip,* Seite 47.

52  Hans-Peter Unger, *Bevor der Job krank macht. Wie uns die heutige Arbeitswelt in die seelische Erschöpfung treibt – und was man dagegen tun kann.* Kösel, München 2006, Seite 145.

Menschen unterscheiden sich nicht in Gewinner und Verlierer, sondern in Lernende und Nicht-Lernende.«[53]

Im Bereich der Wirtschaft und der Unternehmen ist das Ernstnehmen von Gefühlen und der Umgang mit schwierigen Emotionen immer noch mangelhaft entwickelt. Oft höre ich den Satz: »Mein Chef (bzw. unser Vorstand, unser Personalleiter) – da können Sie nicht mit Gefühlen kommen!« Es ist noch viel zu tun, bis wir im Bereich des Managements und des Topmanagements generell von emotionaler Kompetenz sprechen dürften.

Was ist aber nun für den Betroffenen wichtig, der vor seinem ganz persönlichen Trümmerhaufen steht und dem das Zutrauen zu sich selbst und zum Leben so abhanden gekommen ist, als stünde er vor einem Abgrund?

Das wichtigste ist, dass er die Vorstellung von einem Abgrund für sich umzudeuten lernt in das Bild eines Tunnels. Ein Abgrund weist nach unten; ein Tunnel nach vorn. Mit der Vorstellung eines Tunnels ergeben sich erste Ansätze, in der Krise eine Chance zu erahnen.

Für den Weg durch den Tunnel könnten folgende Hinweise und Gedanken helfen:

- Was du jetzt vielleicht zuerst brauchst, ist jemand, der für dich glaubt, dass das ein Tunnel ist, der darum auch ein Ende haben wird. Vielleicht darf er dir das zusprechen. Lass es zu. Wirf den Brief nicht gleich in den Papierkorb. Auch wenn du selbst eine panische Angst hast, dass es sich um einen Schacht handelt – ohne Ausgang, ohne »bessere Zeiten danach«.

- Du hast die Erlaubnis, schwach sein zu dürfen.

---

53   Irmtraud Tarr, Seite 182.

- Du darfst jetzt einfach dasitzen. Du musst nicht sofort aufstehen. Du musst nichts überspielen.

- Sei nur in soweit tapfer, als du deinen Schmerz zulässt. Halte ihn aus. So bewusst wie möglich.

- Wenn du reden willst, rede. Wenn du schweigen willst, schweige.

- Sage deinen Freunden, was du jetzt brauchst und was du jetzt auf keinen Fall vertragen kannst.

- Lerne, um Hilfe zu bitten.

- Vor allem: Stell dich auf einen langen Weg ein! Es gibt keine kurzen Wege aus tiefem Leid! Die kurzen Wege gaukeln dir »Erlösungen« vor, für die du einen hohen Preis bezahlen wirst. Die Seele arbeitet nie schnell! Lass deine Seele das Tempo bestimmen.

- Versuche nicht auszuweichen; in einem Tunnel fährt man rechts und links nur gegen die Wand.

- Wenn du die erste Lähmung überwunden hast, setze behutsam einen Schritt vor den anderen. Lerne, nach dem Weg zu tasten. Mache nur sehr kleine Schritte!

- Wenn du gelernt hast, dich mit kleinen Schritten durch die Dunkelheit zu tasten, beginne langsam mit dem Abschiednehmen. Du wirst nicht mehr dorthin zurückgelangen, was vor deinem Tunnel lag. Vieles wird nicht mehr sein wie vorher. Du wirst eine geraume Zeit brauchen, um das zu akzeptieren.

- Darum suche den Zugang zu deinen Tränen.

- Suche dir jetzt die Menschen genau aus, die dir gut tun. Vermeide, so weit wie möglich, alle Kontakte, die dir nicht gut tun.

## 13. Weise mit Scheitern umgehen

- Wenn du zum ersten Mal zu ahnen beginnst, dass dein Absturz in Wahrheit ein Tunnel ist, der einmal ein Ende haben wird, hast du schon eine entscheidende Strecke geschafft! Gönne dir darum jetzt eine kleine Pause und suche etwas, womit du dich stärken kannst für den weiteren Weg.

- Zu beglückwünschen bist du, wenn du einen Menschen an deiner Seite hast, mit dem du zum hundertsten oder tausendsten Mal die ganze Geschichte durchgehen kannst; dem du so lange die immer selben Gefühle, Fragen und Klagen zumuten kannst, bis sich der Sturm in dir langsam legt.

- Gewinne den Mut, eigene Fehler zu benennen und zu bekennen.

- Bekämpfe die Erwartung, dass jeder dich verstehen müsste.

- Lass die Botschaft dein Herz erreichen, dass du ein wertvoller Mensch bist! Du bist mehr als deine Trauer, mehr als dein Sockelsturz, mehr als dein Versagen. Du bist und bleibst ein Juwel Gottes. Halte an deiner Selbstachtung fest! (Und zeige dein Gesicht! Geh in die Öffentlichkeit und zeige dich in Demut, aber mit aufrechtem Gang!)

- Vergiss zu keinem Zeitpunkt: Der Weg hinaus ist der Weg hinein und hindurch! Es gibt keine Abkürzungen. Aber es gibt Rückschläge. Darum kämpfe um Geduld! Geduld wird eine deiner wichtigsten Ressourcen sein.

- Wenn du den Weg zu Ende gegangen bist, ist es wahrscheinlich, dass du zu dir selbst sagst: Freiwillig hätte ich den Preis niemals bezahlt; aber jetzt möchte ich nicht mehr darauf verzichten, was ich aus meinem Scheitern gelernt und für mein Leben gewonnen habe.

### Scheitern als Erlösung von der Machtorientierung

Erfahrungen des Scheiterns und die Integration des Scheiterns ins Leben haben eine Bedeutung, die weit über das individuelle Dasein hinaus geht und für unsere Gesellschaft als Ganze eine wichtige positive Funktion besitzt. Die triviale Wahrheit, dass Sex, Geld und Macht die archaischen Triebfedern des Lebens sind, bedeutet, dass der darin enthaltene Sog für den Einzelnen und die Gemeinschaft oftmals nur durch massive Störungen unterbrochen werden kann. In dieser Hinsicht können Erfahrungen des Scheiterns von großer Bedeutung sein, um dem Sog der Macht, dem verführerischen Streben nach Macht zu entkommen. Machtmuster und Machtwünsche bestimmen unser Leben auf den Kleinparzellen von Partnerschaft, Familie und Nachbarschaft, bei den beruflichen Aufstiegsträumen und auf allen gesellschaftlichen und politischen Feldern. Dieser Sog ist darum so gefährlich, weil er häufig so unendlich subtil vonstatten geht.

Scheitern kann vor diesem Hintergrund geradezu eine erlösende Bedeutung gewinnen, trotz und inmitten aller Schmerzen und Peinlichkeiten. Es kann zu einem Befreiungsgeschehen werden!

Im Neuen Testament gibt es ein Lied, das davon spricht, dass der Weg Jesu von Nazareth ein Weg des Abstiegs und der Ohnmacht war, nicht ein Weg des Aufstiegs und der Macht (Philipperbrief, Kapitel 2, Vers 5–11). Zum Schluss werden – so heißt es da – alle Menschen begreifen, warum Jesus diesen Weg gegangen ist: weil der Abstieg zu echter, verwundbarer Menschlichkeit das Geheimnis aller Erlösung ist. Nur wer absteigt, kommt auch an.

Übersetzt heißt die Botschaft dieses Liedes: Gewinn durch Verlust, Aufstieg durch Abstieg, Erlösung und Befreiung durch äußere Ohnmacht. Jesus konnte seine Botschaft nur durch Verzicht auf Gewalt verkünden, sonst wäre es nicht mehr dieselbe Botschaft gewesen. Und darum musste er in Jerusalem den Weg zu Ende gehen und zum Opfer von Gewalt werden, anstatt doch noch selbst nach einem Machtmittel zu greifen.

Es geht im tiefsten Sinne darum, dass Jesus eine fundamentale Unterscheidung im Blick auf das menschliche Ich in die Welt gebracht hat. Auf der einen Seite verkündet Jesus das radikale Ja Gottes zu uns Menschen. Auf der anderen Seite ist klar, dass damit das falsche Selbst, das wir eben auch sind, entlarvt wird, das inflationäre, sich aufbauschende Selbst, das Selbst, das seinen eigenen Schatten nicht wahrnimmt, das Selbst, das sich mit Gott verwechselt, wodurch alle staatliche Gewaltherrschaft (und alles kirchliche Machtwesen) überhaupt erst möglich werden.

Dieses »unerlöste« Selbst ist ein Verfechter der »wahren Lehre«, des »wahren Glaubens« und der »wahren politischen Theorie«.

Der Weg aber zum wirklichen Menschsein, zu einem Menschsein, das Freiheit, Frieden und Versöhnung in die Welt bringt, hat mit Loslassen zu tun, mit Scheitern und mit Ohnmacht. Es gibt eine Ohnmacht, die stärker ist als alle Macht.

Richard Rohr sagt, im menschlichen Leben sei es so, dass Erfolg und Bestätigung uns nur in der ersten Lebenshälfte etwas lehren. Da brauchen wir die Erfahrung, dass etwas gelingt, dass man etwas kann und zu beeinflussen vermag. Aber danach, spätestens mit Beginn der zweiten Lebenshälfte, kann Erfolg, Einfluss und das Nach-oben-Klettern dem Leben nichts grundsätzlich Neues mehr geben. Was der Mensch nach dem dreißigsten oder vierzigsten Lebensjahr wirklich hinzulernt, hat eher mit Erfahrungen des Versagens, der Krisen und Demütigungen und des Abstiegs zu tun.[54]

Zur Identität mit dem wahren Selbst, das Gott in uns zum Leben bringen möchte, bedarf es des Abstiegs aus der gefährlichen Zone, etwas gelten zu wollen. Wer festhält, verliert. Nur

---

54 Richard Rohr, *Nur wer absteigt, kommt auch an. Die radikale Botschaft der Bibel*. Claudius, München 2009.

der Abstieg ist stark genug, unser falsches Selbst zu bezwingen und uns »neu geboren werden zu lassen«.

Der Weg, den Jesus gegangen ist, ist der Weg der Verwandlung. Im Windschatten seiner Ohnmacht, seiner befreienden Demut, seiner gottvertrauenden Machtlosigkeit kommt Leben auf und nicht um, ist Luft zum Atmen da, Freiheit für mich selbst und Daseinsrecht für jeden Menschen und jedes Geschöpf.

### Bitte

*Wir werden eingetaucht*
*und mit dem Wasser der Sintflut gewaschen*
*wir werden durchnäßt*
*bis auf die Herzhaut*

*Der Wunsch nach der Landschaft*
*diesseits der Tränengrenze*
*taugt nicht*
*der Wunsch den Blütenfrühling zu halten*
*der Wunsch verschont zu bleiben*
*taugt nicht*

*Es taugt die Bitte*
*dass bei Sonnenaufgang die Taube*
*den Zweig vom Ölbaum bringe*
*Daß die Frucht so bunt wie die Blüte sei*
*daß noch die Blätter der Rose am Boden*
*eine leuchtende Krone bilden*

*Und daß wir aus der Flut*
*daß wir aus der Löwengrube und dem feurigen Ofen*
*immer versehrter und immer heiler*
*stets von neuem*
*zu uns selbst*
*entlassen werden*

HILDE DOMIN

Dann sprach al-Mitra und sagte:
Jetzt möchten wir vom Tod erfahren.
Und Al-Mustafa, der Auserwählte und
    Geliebte,
der seiner Zeit ein Morgenrot war, sagte:
Ihr fragt nach dem Geheimnis des Todes.
Aber wie könntet ihr es jemals begreifen,
außer ihr sucht es im Herzen des Lebens?
Die nächtliche Eule kann mit ihren
    tagblinden Augen
das Mysterium des Lichts nicht ergründen.
Wollt ihr wirklich den Geist des Todes
    erkennen,
öffnet euer Herz weit für den Körper des
    Lebens.
Denn eins sind Leben und Tod,
so wie der Fluss und das Meer eins sind.

KHALIL GIBRAN

## 14. KAPITEL

# Abschied nehmen

Es gibt keine Lebensweisheit, wo der Tod verdrängt wird. Das ist geradezu unmöglich. »Unsere Tage zu zählen, lehre uns, damit wir ein weises Herz gewinnen«, lautet ein Gebetswort im Alten Testament (Psalm 90, Vers 12). Abschiedlich zu leben, fördert das Leben.

Jemand hat einmal gesagt: Jeder Mensch weiß, dass er sterben muss; aber keiner glaubt's! Vielleicht ist es nötig, sich das eigene Sterben einmal sehr plastisch vor Augen zu stellen – genau so konkret, wie man etwas anderes im Leben angeht oder vorbereitet: eine Reise, eine berufliche Veränderung, eine Zusatzausbildung oder was auch immer. Nur dadurch tritt der Tod in den Bereich unserer sinnlichen Wahrnehmung.

Wenn ich Sie freilich fragen würde: Wie wünschen Sie sich Ihr Sterben? – dann würden Sie wahrscheinlich gleich erwidern: Da gibt's nichts zu wünschen; wie man stirbt, das weiß man nicht und da nimmt auch niemand Wünsche entgegen. – Das stimmt natürlich.

Nun gehört freilich das Sterben noch zum Leben. Nur was nach dem Sterben kommt, ist uns gänzlich verhüllt. Wenn aber das Sterben als solches noch Teil meiner irdischen Lebenswanderung ist, möchte ich mich damit befassen. Zum Beispiel so, dass ich mir angesichts des dunklen Gedankens an den Weg alles Irdischen erlaube, mir das Sterben einmal so vorzustellen, wie ich es gerne hätte.

*Ich würde gerne im Oktober sterben,*
*sonntags nachmittags zwischen fünf und sechs,*
*und die späte Nachmittagssonne müsste hereinscheinen*
*und das Laub vor dem Fenster zum Leuchten bringen,*
*und meine Familie soll da sein,*
*vielleicht hätte ich ja auch schon Enkel,*
*und das jüngste Enkelkind wäre vielleicht gerade im*
*Krabbelalter und spielte auf meiner Bettdecke mit*
*Duplosteinen,*
*während ich mich gerade verabschiede.*
*Und mittags hätte ich gesagt:*
*Ich erlebe ja meinen Leichenschmaus nicht mit*
*und kann jetzt auch nichts mehr essen,*
*darum möchte ich,*
*dass ihr euch jetzt etwas Schönes kocht,*
*und dann holt den Tisch hier in mein Sterbezimmer,*
*mit Blumen darauf und Wein,*
*und stimmt ein Lied an,*
*und dann esst,*
*und lasst uns die schönsten Erinnerungen wachrufen,*
*ich will euch lachen hören und wir wollen dankbar sein.*

*Und wenn ich dann gestorben bin,*
*dann zündet Kerzen an*
*und bleibt die halbe Nacht bei mir sitzen.*

*Und die Beerdigung macht am Besten samstags,*
*weil da alle können,*
*denn ich möchte, dass viele kommen,*
*und bei der Ansprache soll der Pfarrer*
*nicht nur über den Bibelspruch predigen,*
*sondern auch ein bisschen von mir erzählen,*
*am liebsten die schönen Geschichten,*
*denn ich möchte gerne einigermaßen gut weg kommen,*
*und außerdem war ich einzigartig,*

*wie das für jeden Menschen gilt auf Erden.*

*Und danach ein richtiger Leichenschmaus,*
*nicht nur mit Streuselkuchen,*
*da soll es allen schmecken,*
*und macht Sekt auf, und wer einen Schnaps will,*
*soll einen Schnaps kriegen,*
*und erzählt da noch viel von mir,*
*auch von meinen Schwächen und Fehlern meinetwegen,*
*aber bitte ein bisschen liebevoll und lustig und humorvoll,*
*dass gelacht wird,*
*ihr dürft nämlich getrost lachen,*
*und die Tränen sollen rollen vor Trauer und*
*wegen all dem Schönen, an das ihr euch erinnert.*

*Und im Jahr darauf*
*soll auf meinem Grab Weizen wachsen*
*und roter Mohn.*
*Und darum möchte ich auch nicht verbrannt werden,*
*ein richtiges Grab soll es sein,*
*damit man Weizen darauf säen kann und Mohn.*
*– Ja, so ungefähr hätte ich's gerne.*

*Und wenn vielleicht diese romantischen Sterbewünsche*
*so nicht in Erfüllung gehen können,*
*dann will ich aber auf alle Fälle noch etwas sagen,*
*bevor ich sterbe,*
*muss nicht ganz zum Schluss sein,*
*man weiß ja nicht, wie's kommt,*
*ob man dann noch sprechen kann,*
*vielleicht ein paar Tage oder Wochen oder auch Monate*
*vorher, da sollen meine vier Söhne kommen,*
*und die möchte ich segnen,*
*und dieser Segen soll etwas sein,*
*womit ich sie stark mache für ihr weiteres Leben,*
*und wo ich ihnen noch einmal danke,*
*weil ich so viel von ihnen gelernt habe,*
*nicht nur sie von mir,*
*und ich will ihnen noch mal sagen,*

*wie sehr ich sie geliebt habe,*
*und dass ich ihnen ganz viel zutraue,*
*und dass sie es schaffen werden,*
*und dass sie in ihrem Herzen*
*den Namen Gottes heiligen sollen*
*und Jesus nicht vergessen.*
*Ja, bevor ich sterbe,*
*möchte ich meine Kinder segnen.*

Die Stimme der Sterbenden ist wichtig für die Lebenden. Und darum ist es töricht, wenn sich unsere Gesellschaft nur noch für die medizinische Seite des Sterbens interessiert; wenn sich alles nur um das Thema Krankenhaus und Medizin dreht und der Rest verdrängt wird. Das Sterben wird viel zu oft nicht vorbereitet und auch nicht nachbereitet, denn eine halbe Stunde später kommt schon der Bestatter und holt den Toten ab.

Sagen Sie: Kennen Sie aus Ihrer Familie oder Verwandtschaft Abschiedsworte, letzte Worte eines Heimgegangenen, die für Sie ein Segen waren? Viele kennen das nicht; aber die es erlebt haben, wissen: Das sind Worte von besonderem Gewicht. Die wiegen mehr als tausend andere Worte zusammen.

Ich erzähle Ihnen eine Geschichte aus uralter Zeit.

Der alte Jakob ist aus dem Lande Kanaan nach Ägypten übergesiedelt und darf dort nach all den Jahren der Gram seinen jüngsten Sohn Josef wiedersehen, von dem er dachte, er sei tot. In Wahrheit ist Josef zum zweitmächtigsten Mann im Land aufgestiegen und hält die Menschen durch sein kluges Planen als Wirtschaftsminister in den Jahren der Teuerung und Dürre am Leben.

Nun werden uns die letzten Worte des alten Vaters Jakob überliefert: Zunächst will er auf keinen Fall in Ägypten begraben werden, sondern im Land seiner Väter. Er trifft also rechtzeitig Vorkehrungen – im Gegensatz zu vielen Menschen, die ebenfalls wissen, dass sie nicht mehr lange zu leben haben, aber einfach nichts regeln, sich nicht einmal etwas wünschen für die

Beerdigung. – Was der alte Vater Jakob aber vor allen Dingen noch möchte: seine Enkel segnen, Efraim und Manasse! Und dann kommt Josef mit seinen beiden Söhnen, und die beiden treten an das Lager ihres Großvaters, der am Ende seines Weges eine Würde ausstrahlt wie ein Fürst, sodass Josef als Sohn sich vor seinem Vater niederwirft.

Und dann sagt der alte Jakob, der kaum noch sehen kann, denn er ist bereits im hundertachtundvierzigsten Jahr: Lass Efraim und Manasse, meine Enkelsöhne, zu mir treten. Und Josef führt die beiden so zu ihrem Großvater, dass Efraim rechts und Manasse links steht, denn Efraim ist der Erstgeborene, und darum muss die rechte Hand des Großvaters beim Segen auf ihm liegen. Und dann geschieht es, dass Jakob seine Arme über kreuz ausstreckt und mit der rechten Hand den Jüngeren und mit der linken den Erstgeborenen segnet. Und als Josef sagt: Was machst du denn da, das ist doch falsch!, da antwortet Jakob: Nein, denn Manasse wird das mächtigere Volk werden nach Gottes Willen, und Efraim das geringere, aber auf beiden soll der Segen Gottes ruhen.

Da sorgen also die allerletzten Worte eines Sterbenden noch für eine große Überraschung und bringen die natürliche Ordnung der Dinge durcheinander, sodass die Angehörigen schon denken, jetzt sei es so weit, dass die Verwirrung einsetzt. Aber manchmal sehen die Sterbenden klarer. Manchmal hören die Sterbenden ein Wort von Gott und sagen Worte der Verheißung, die in die Zukunft weisen.

Oder eine andere Geschichte, von Samuel, dem großen Gottesmann, dem Richter und Propheten Israels. Der lässt ganz Israel zu sich kommen. Und das erste von seinen letzten Worten lautet: »Ich bin jetzt alt und grau geworden. Von meiner Jugend an bin ich vor euch hergegangen. Hier stehe ich; antwortet mir in Gegenwart des Herrn und seines Gesalbten: Wem habe ich je ein Rind weggenommen? Wem habe ich einen Esel weggenommen? Wen habe ich übervorteilt, wen ungerecht behandelt? Von wem habe ich Bestechungsgeld angenommen und beide Augen zugedrückt? Ich will es euch zurückerstatten.« Sie antworteten: »Du hast uns weder übervorteilt noch ungerecht gehandelt, noch hast du von jemand etwas angenommen.« – Und dann seine allerletzten Worte: »Weicht ja nicht ab und folgt nicht den nichtigen Götzen, weil sie nichts nützen. Sie können nicht retten, weil sie nichtig sind. Fürchtet den Herrn und dient ihm treu von ganzem Herzen. Denn seht, welch große Dinge er an euch getan hat!«

Ich denke an den Inhaber einer Druckerei, der mit Mitte sechzig Krebs bekam. Eines Tages lud er mich ein: »Kommen Sie doch noch einen Augenblick in mein Büro!« Und als ich Platz genommen hatte, sagte er: »Ich weiß, dass ich sterben muss. Und ich möchte Ihnen gerne erzählen, dass ich mein Haus bestellt habe, wie man so sagt. Ich habe in den vergangenen Wochen Briefe geschrieben, Anrufe gemacht, Menschen in mein Haus eingeladen – Freunde, Angehörige, Geschäftspartner, Kunden; alle, die mir einfielen – und habe zu ihnen gesagt: Wenn ich etwas falsch gemacht habe, dann verzeiht mir. Wenn es einmal Streit gegeben hat, dann soll der jetzt ein Ende haben. Wenn ich jemanden betrübt habe, dann war es nicht meine Absicht. Und wenn ich mich über einen geärgert habe, dann ist das längst verziehen.« – »So!«, sagte er, »jetzt geht es mir gut. Gerne würde ich noch ein Weilchen leben; aber das Wichtigste ist der Friede mit allen, die an meinem Weg standen.«

Wir brauchen solche Geschichten und solche Vorbilder. Wie wir sterben werden, wissen wir nicht; aber es gibt ein Sterben in Frieden; es gibt ein segnendes Sterben, das Segen weitergibt, und es gibt ein gesegnetes Sterben, das den Himmel offen sieht oder auch nur Frieden damit geschlossen hat, zu dem Sternenstaub zurückzukehren, aus dem jeder Mensch gemacht ist, vertrauend, dass auch der Sternenstaub noch umhüllt ist von einer einzigen großen Liebe.

## 14. Abschied nehmen

Und es gibt noch eine Erfahrung: Manches, das in ein Leben hineingelegt war und das Besondere eines Menschen ausmachte, das Besondere im vielleicht gänzlich Unscheinbaren, kommt bisweilen erst zur Auswirkung, wenn dieser Mensch gar nicht mehr unter uns ist. Es gibt diese eigentümlich »verzögerte« Segenswirkung, und sie wird ihren geheimnisvollen Sinn haben. Es mag Worte gegeben haben, einen Lebensgrundsatz, eine Gabe im Umgang mit anderen Menschen, eine Sicht von bestimmten Aspekten des Lebens – da dämmert es einem erst im Nachhinein, was es damit auf sich hatte. Und jetzt erst beginnt man, davon etwas für sich selbst zu lernen.

Und schließlich: Was ein Mensch zurück lässt an Wert, besteht höchst selten in Werten, am wenigsten in materiellen. Es sind in der Regel nicht in erster Linie die Taten, die Leistungen, das Geschäft oder die Firma, die Position oder der Einfluss – es ist der Mensch selbst; das, was er war, nicht das, was er tat, besaß oder dessen er sich selbst bewusst war.

### Brief von Matthias Claudius an seinen Sohn Johannes (1799)[55]

*Lieber Johannes!*

*Die Zeit kommt allmählich näher, dass ich den Weg gehen muss, von dem man nicht zurück kommt. Ich kann Dich nicht mitnehmen und lasse Dich in einer Welt zurück, wo guter Rat nicht überflüssig ist. Niemand ist weise von Mutterleibe an, Zeit und Erfahrung lehren hier und fegen die Tenne. Ich habe die Welt länger gesehen als Du. Es ist nicht alles Gold, lieber Sohn, was glänzt, und ich habe manchen Stern vom Himmel fallen und manchen Stab, auf den man sich verließ, brechen sehen. Darum will ich Dir einigen Rat*

---

55 Der hier folgende Brief wurde sprachlich behutsam geglättet und heutigem Deutsch anpasst.

*geben und Dir sagen, was ich gefunden habe und was die Zeit mich gelehrt hat.*

*Es ist nichts groß, was nicht gut ist, und ist nichts wahr, was nicht besteht. Der Mensch ist hier nicht zu Hause und er geht hier nicht von ungefähr in seinen schlechten Kleidern umher. Denn siehe, alle anderen Dinge hier, mit und neben ihm, sind und gehen dahin, ohne es zu wissen; der Mensch ist sich bewusst und wie eine hohe Wand, an der die Schatten vorübergehen. Alle Dinge mit und neben ihm gehen dahin, einer fremden Willkür und Macht unterworfen; er ist sich selbst anvertraut und trägt sein Leben in seiner Hand. Und es ist nicht gleichgültig, ob er rechts oder links geht. Lass Dir nicht weismachen, dass er sich raten könne und selbst seinen Weg wisse.*

*Diese Welt ist für ihn zu wenig und die unsichtbare sieht er nicht und kennt er nicht. Spare Dir denn vergebliche Mühe und tue Dir kein Leid und besinne Dich. Sei Dir selbst zu schade, Böses zu tun. Hänge Dein Herz nicht an Vergängliches. Die Wahrheit richtet sich nicht nach uns, lieber Sohn, sondern wir müssen uns nach ihr richten. Was Du sehen kannst, das siehe und gebrauche Deine Augen und über das Unsichtbare und Ewige halte Dich an Gottes Wort. Bleibe der Religion Deiner Väter treu und meide die theologischen Kannengießer. Nimm Dich vor niemandem so sehr in Acht wie vor Dir selbst. In uns wohnt der Richter, der nicht trügt und an dessen Stimme uns mehr gelegen ist als an dem Beifall der ganzen Welt und der Weisheit der Griechen und Ägypter.*

*Nimm es Dir vor, Sohn, nicht gegen seine Stimme zu handeln, und was Du denkst und vorhast, schlage zuvor an Deine Stirn und frage ihn um Rat. Er spricht anfangs nur leise und stammelt wie ein unschuldiges Kind; doch wenn Du seine Unschuld ehrst, löst er allmählich seine Zunge und wird verständlicher sprechen. Lerne gerne von anderen und wo von Weisheit, Menschenglück, Licht, Freiheit, Tugend etc. geredet wird, da höre fleißig zu.*

*Doch sei nicht zu vertrauensselig, denn nicht alle Wolken haben Wasser und es gibt mancherlei Weise. Sie meinen, dass sie etwas schon hätten, wenn sie nur davon reden können. So ist es aber nicht, Sohn. Man hat eine Sache nicht, indem man davon redet. Worte sind nur Worte und wo sie allzu leicht und schnell dahin fahren, da sei auf der Hut, denn die Pferde, die den Wagen mit Gütern hinter sich haben, gehen langsameren Schrittes. Erwarte nichts vom Treiben und den Treibern und wo Geräusch auf der Gasse ist, da gehe weit fort. Wenn Dich jemand Weisheit lehren will, so siehe in sein Angesicht. Ist er eingebildet, und sei er noch so gelehrt und noch so berühmt, lass ihn und verzichte auf seinen Rat. Was einer nicht hat, das kann er auch nicht geben. Nicht der ist frei, der tun kann, was er will, sondern der ist frei, der wollen kann, was er tun soll. Und nicht der ist weise, der sich für wissend hält; sondern der ist weise, der sich seiner Unwissenheit bewusst ist und von seiner Einbildung geheilt ist. Was im Hirn ist, das ist im Hirn, und Existenz ist die erste aller Eigenschaften. Wenn es Dir um Weisheit geht, so suche sie und nicht das Deine und brich Deinen Willen und warte geduldig, was geschieht.*

*Denke oft an heilige Dinge und sei gewiss, dass es zu Deinem Vorteil sein wird und der Sauerteig den ganzen Teig durchsäuert. Verachte keine Religion, denn sie ist dem Geist nach gemeint und Du weißt nicht, was unter unansehnlichen Bildern verborgen sein könnte. Es ist leicht, zu verachten, Sohn, und verstehen ist viel besser. Lehre nicht andere, bis Du selbst gelehrt bist. Nimm Dich der Wahrheit an, wenn Du kannst, und lass Dich gerne ihretwegen hassen; doch wisse, dass Du nicht im Besitz der Wahrheit bist, damit Du nicht am Ende verlierst. Tue das Gute vor Dich hin und kümmere Dich nicht darum, was daraus werden wird. Wolle nur einerlei und das wolle von Herzen. Sorge für Deinen Leib, doch nicht so, als wenn er Deine Seele wäre. Gehorche der Obrigkeit und lass die anderen über sie streiten. Sei rechtschaffen gegen Jedermann, doch sei nicht leichtgläubig. Mische Dich nicht in fremde Dinge, aber das Deine tue mit Fleiß. Schmeichle niemand und lass Dir nicht schmeicheln.*

*Ehre jeden nach seinem Stand und lass ihn sich schämen, wenn er's nicht verdient.*

*Bleibe niemandem etwas schuldig; doch sei zuvorkommend, als ob sie alle Deine Gläubiger wären. Du musst nicht immer großmütig sein wollen, aber sei immer gerecht. Mache niemandem graue Haare, doch wenn Du recht hast, hast Du um die Haare nicht zu sorgen. Misstraue dem Schauspiel und gebärde Dich schlecht und recht. Hilf und gib gerne, wenn Du hast, und mache Dir nicht viel daraus, und wenn Du nicht hast, so habe den Trunk kalten Wassers zur Hand und mache Dir ebensowenig daraus. Füge keinem Mädchen Leid zu und vergiss nicht, dass Deine Mutter auch ein Mädchen gewesen ist. Sage nicht alles, was Du weißt, aber wisse immer, was Du sagst. Hänge Dich an keinen Großen. Sitze nicht, wo die Spötter sitzen, denn sie sind die Elendsten unter allen Kreaturen. Nicht die Frömmelnden, aber die frommen Menschen achte und gehe ihnen nach. Ein Mensch, der wahre Gottesfurcht im Herzen hat, ist wie die Sonne, die scheint und wärmt, ohne zu reden. Tue, was des Lohnes wert ist, und fordere nichts. Wenn Du Not hast, so klage sie Dir und keinem anderen.*

*Habe immer etwas Gutes im Sinn. Wenn ich gestorben bin, so drücke mir die Augen zu und beweine mich nicht. Stehe Deiner Mutter bei und ehre sie, so lange sie lebt, und begrabe sie neben mir. Und denke täglich nach über Tod und Leben, ob Du es finden möchtest, und habe einen freudigen Mut und gehe nicht aus der Welt, ohne Deine Liebe und Ehrfurcht für den Stifter des Christentums durch irgend etwas öffentlich bezeugt zu haben.*

*Dein treuer Vater*

# Gehen am Rand entlang

Langsames Gehen auf einem schmalen Weg am Rand.
Achtsam gehen, Schritt vor Schritt setzen,
das Tempo immer noch eher verlangsamen als erhöhen.

Ein schmaler, unbeachteter Feldweg nur,
abseits und ohne Verkehr,
eng, unbemerkt,
man erkennt oder findet ihn erst,
wenn man ihn betritt.
Ein Weg am Rand entlang,
der Weg ist selbst der Rand nach beiden Seiten.
Auf der einen Seite die große Stadt.
Auf der anderen der große Wald.

Der große Wald:
Symbol für alles im Leben,
das nur erlauscht werden kann.
Dafür muss man die Stadt verlassen.
Hier hörst du die Stimme derer,
die vor uns waren.
Der Großeltern und Ahnen.
Ihr leises Raunen und Zuflüstern:
Seid eingedenk unserer Fehler,
dass ihr sie nicht wiederholt.

*Seid eingedenk unserer Erfahrungen,*
*damit eure Gedanken nicht ungeprüft bleiben.*
*Seid eingedenk dessen,*
*dass auch wir schon etwas übergeben bekamen*
*an Torheit und an Weisheit,*
*an Blindheit und an Licht.*
*Dass schon wir auf den Schultern derer standen,*
*die vor uns waren ...*
*Dass wir vieles einfach noch nicht wussten,*
*das ihr jetzt wisst und erforscht.*
*Aber auch eingedenk dessen,*
*dass es etwas gibt, das niemand weiß*
*noch je wissen wird.*
*Der Mensch geht grundsätzlich*
*und auch noch in fernster Zukunft*
*stets auf etwas zu, das noch vor ihm liegt,*
*weil es außerhalb von ihm und seiner Welt liegt.*

*Die Tiefe des Waldes ist endlos.*
*Es ist die Tiefe des Unbewussten,*
*des persönlichen und des menschheitlichen.*
*Es ist die Tiefe der Generationen.*
*Die Tiefe menschlicher Verstrickungen.*
*Die Tiefe des immer nur Ersehnten.*
*Ein Wald voller Windbrüche und Verwerfungen,*
*voller Narben und*
*den Spuren großer Katastrophen.*
*Aber höre und lausche ... und vernimm*
*an den Rändern der Brüche und der Verwerfungen*
*das Murmeln und Plätschern*
*von Quellen.*
*Immer entstehen sie dort,*
*an den Brüchen des Lebens;*
*brechen sie dort hervor.*
*Quellen lebendigen Wassers,*
*Quellen der Weisheit aus dem Scheitern,*
*aus der Schuld,*
*aus den Schicksalsschlägen.*

## Gehen am Rand entlang

*Am Rand dieses Waldes gehen.*
*Allein,*
*lauschend,*
*lernend,*
*vernehmend ...*

*Auf der anderen Seite: die große Stadt,*
*die endlose, die globale.*
*Die bunte und betörende,*
*die dröhnende und lärmende,*
*mit ihrem zwanghaften Tempo,*
*ihrer entfesselten Expansion,*
*ihrer Manie, die Welt zu erfinden,*
*der Ahnen zu vergessen,*
*Ungeprüftes als Lösung anzubieten.*
*Die Welt der fordernden Reklame.*
*Und der Isolation,*
*der Einsamkeit unter vielen.*
*Die Welt, die alle zur Maschine macht,*
*tickend im Takt der großen Stadt.*

*Aber auch das ist die Stadt:*
*Kreativität und Gesang,*
*Erfindung und Wagnis,*
*Bühne und Rausch,*
*Lachen und Vergessen.*

*Den schmalen Weg zwischenhindurch gehen*
*und beides wahrnehmen,*
*das Raunen hier*
*und das Rennen dort,*
*das Murmeln einer Quelle tief hüben*
*und das Treiben der Getriebenen drüben.*
*Die erschreckende Dunkelheit zur Rechten*
*und die grelle Beleuchtung zur Linken.*
*Daran denken,*
*dass die in der großen Stadt*
*Kinder einer Revolution sind,*
*bei der die Seele nicht mitkam.*

*Das ist das Gehen am Rand*
*und das Lauschen und das Verstehen*
*und das nicht endende Fragen.*
*Und in alledem Wahrnehmen*
*die Gegenwart Gottes*
*als eines Wartenden,*
*als einer Leidenden.*
*Etwas wie eine große Liebe*
*spannt sich aus*
*über alles*
*und verbindet alles, was ist, war und sein wird.*

*Lernen, immer weniger zu bewerten.*
*Zum Preis eines wachen Ohres*
*und einer dünnen Haut.*

*Die Schritte verlangsamen,*
*weil so viel noch gehört werden muss.*
*Es übersetzen lernen,*
*aber nur wenig mit Worten.*
*Die Stimme ist längst leise geworden.*
*Den Weg alleine gehen.*
*Und wer ihn geht,*
*ähnelt in seiner Schmalheit immer mehr*
*der Schmalheit des Weges.*

*Unter dem ausgespannten Gott*
*gehst du leise deine Schritte.*
*Und hörst dich flüsternd beten:*
*»Lass dir wohl gefallen*
*das Gespräch meines Herzens vor dir.«*

# NACHWEIS DER DEN KAPITELN VORANGESTELLTEN ZITATE

Seite 8:       Raimon Panikkar, *Der Weisheit eine Wohnung bereiten.*
               © Kösel-Verlag, München, in der Verlagsgruppe Random
               House GmbH, Seite 7.

Seite 32:      a. a. O., Seite 15.

Seite 52:      a. a. O., Seite 31; Seite 8.

Seite 58:      a. a. O., Seite 28.

Seite 88:      Khalil Gibran, *Der Prophet.* Aus dem Englischen von Ditte
               und Giovanni Bandini. Deutscher Taschenbuch Verlag,
               München 2003⁵, Seite 22.

Seite 100:     Hildegard von Bingen, zitiert nach: Jörg Zink, *Dornen
               können Rosen tragen. Mystik – die Zukunft des
               Christentums,* Kreuz, Stuttgart 1997, Seite 259.

Seite 112:     Raimon Panikkar, *Der Weisheit eine Wohnung bereiten,*
               Seite 30f.

Seite 124:     Raimon Panikkar, „Die Eigenart des Dringlichen ..." aus:
               Raimon Panikkar, *Das Göttliche in Allem. Der Kern
               spiritueller Erfahrung.* Aus dem Spanischen von Ruth
               Heimbach. © Verlag Herder GmbH, Freiburg im Breisgau,
               3. Auflage 2002, Seite 27.

Seite 144:     Khalil Gibran, *Der Prophet,* Seite 68.

Seite 157:     Hilde Domin, *Bitte.* Aus: Hilde Domin, *Gesammelte Gedichte.*
               © S. Fischer Verlag GmbH, Frankfurt am Main 1987, Seite 11.

Seite 158:     Khalil Gibran, *Der Prophet,* Seite 108.

# Von der Weisheit des Herzens

Jean Vanier

*Weites Herz*

Dem Geheimnis der Liebe auf der Spur

143 S., gebunden mit Schutzumschlag
ISBN 978-3-937896-92-2, Nr. 588775

In den sechs Abschnitten dieses Buches entfaltet Jean Vanier – in gewohnt bestechender Ehrlichkeit, Tiefe und Klarheit – die Einladung Gottes, Orte der Zugehörigkeit und des Teilens zu schaffen, wo jeder Mensch mit seiner Zerbrechlichkeit, mit seinen Fähigkeiten und Begrenzungen willkommen ist. Dabei gilt es auch, unsere eigene Armut, den „Fremden" und Einsamen in uns selbst, anzunehmen.

„Hoffnung für unsere Welt ... liegt in unserer Fähigkeit, zu lieben und zu vergeben; sie steckt in unserer Sehnsucht, Versöhnung zu leben und in unserer Liebe gegenüber unseren Feinden zu wachsen."

Jean Vanier

Jean Vanier, Jahrgang 1928, gründete 1964 eine kleine christliche Gemeinschaft – die Arche –, in der Menschen mit und ohne Behinderung zusammen leben. Die Arche umfasst heute weltweit über 130 Gemeinschaften.

NEUFELD VERLAG

n^{v}

www.neufeld-verlag.de